DE LOS CREADORES DE
A PRUEBA DE FUEGO Y *RETO DE VALIENTES*

CUARTO DE GUERRA

ESTUDIO BÍBLICO

STEPHEN KENDRICK   ALEX KENDRICK

DESARROLLADO CON
NIC ALLEN

ISBN 978-1-4300-4550-2
Ítem 005769381

Clasificación Decimal Dewey: 306.872

Subdivisión: MATRIMONIO \ VIDA FAMILIAR \ RELACIONES DOMÉSTICAS

A menos que se indique lo contrario, todas las citas bíblicas se han tomado de la Santa Biblia, Versión Reina Valera 1960, propiedad de las Sociedades Bíblicas en América Latina, publicada por Broadman & Holman Publishers, Nashville, TN. Usada con permiso.

Para ordenar copias adicionales escriba a LifeWay Resources Customer Service, One LifeWay Plaza, Nashville, TN 37234-0113; FAX (615) 251-5933; teléfono 1-800-257-7744 ó envíe un correo electrónico a customerservice@lifeway.com. Le invitamos a visitar nuestro portal electrónico en www.lifeway.com/espanol donde encontrará otros muchos recursos disponibles. También puede adquirirlo u ordenarlo en la librería LifeWay de su localidad o en su librería cristiana favorita.

Printed in the United States of America

Multi-Language Publishing, LifeWay Resources, One LifeWay Plaza, Nashville, TN 37234-0135

ÍNDICE

ACERCA DE LOS AUTORES

Stephen Kendrick es orador, productor de películas y autor. Siente una gran pasión por el ministerio de la oración y el discipulado. Es coautor y productor de las populares películas *Cuarto de Guerra, Reto de Valientes, Enfrentando a los Gigantes y A prueba de Fuego* y coescritor de los bestsellers en el New York Times: *La resolución para hombres* y *El desafío del amor.* Stephen es un ministro ordenado y orador en conferencias y programas para hombres. Él asistió al seminario, recibió un título de comunicaciones de la Universidad Estatal de Kennesaw y ahora sirve en la junta de Fatherhood CoMission. Stephen y Jill, su esposa, viven en Albany, Georgia, con sus seis hijos. Son miembros activos en la Iglesia Sherwood.

Alex Kendrick es un autor ganador de premios y dotado para contar historias de esperanza y redención. Él es mejor conocido como actor, escritor y director de las populares películas *A prueba de fuego, Reto de Valientes, Enfrentando a los Gigantes y Cuarto de Guerra* y coautor de los libros bestsellers del New York Times *La resolución para hombres* y *El desafío del amor, A prueba de Fuego* (la novela) y *Vidas Valientes* (la novela). En 2002, Alex ayudó a fundar Sherwood Pictures y se asoció con su hermano Stephen para lanzar Kendrick Brothers Productions. Él es graduado de la Universidad de Kennesaw y asistió al seminario antes de ser ordenado al ministerio. Alex, Christina, su esposa, y sus seis hijos, viven en Albany, Georgia. Ellos son miembros activos de la iglesia Sherwood.

Nic Allen sirve como Pastor de Familias en Rolling Hills Community Church. Tiene una licenciatura en comunicación de la Universidad Appalachian y tiene una maestría en Educación Cristiana de la Universidad Bautista de Dallas. Su pasión es discipular a niños y estudiantes mientras prepara a los padres para que formen familias más fuertes. Nic y Susan, su esposa, se casaron en el año 2000 y están ocupados criando a sus tres hijos (2 hijas y un hijo) mientras experimentan todo lo que Dios tiene para ellos en la vida.

ACERCA DE LA PELÍCULA

CUARTO DE GUERRA
La oración es un arma poderosa

"Mas tú, cuando ores, entra en tu aposento, y cerrada la puerta, ora a tu Padre que está en secreto; y tu Padre que ve en lo secreto te recompensará en público". Mateo 6:6

De los creadores de *A prueba de fuego* y *Reto de Valientes* viene *Cuarto de Guerra*, un convincente drama con humor y un corazón que explora lo que el poder de la oración puede hacer en el matrimonio, en la crianza de tus hijos, en tu carrera, con tus amistades y en cada uno de los demás aspectos de tu vida.

Tony y Elizabeth Jordan parecían tenerlo todo, magníficos trabajos, una hermosa hija y la casa de sus sueños. Pero las apariencias nos pueden engañar. En realidad, su mundo se estaba desmoronando bajo la presión de sus problemas matrimoniales. Mientras que Tony disfrutaba sus éxitos profesionales, Elizabeth se resignaba a sufrir una amargura que iba empeorando cada vez más. Pero sus vidas dieron un cambio inesperado cuando Elizabeth conoció a su más reciente clienta, la Srta. Clara, y esta la desafió a establecer un "cuarto de guerra" y un plan de batalla de oración por su familia. A medida que Elizabeth trataba de luchar por su familia, se descubrió la lucha que Tony escondía. Tony tenía que decidir si él repararía los daños en su familia y comprobaría la sabiduría de la Srta. Clara: "la victoria no viene por accidente".

El elenco de la película está formado por el director Alex Kendrick, Priscilla Shirer, T.C. Stallings, Beth Moore y Michael Jr. junto con Karen Abercrombie como la inolvidable Srta. Clara. *Cuarto de Guerra* inspirará a los asiduos espectadores a comenzar a luchar sus propias batallas de una manera correcta, mediante la oración.

WWW.CUARTODEGUERRALAPELICULA.COM

DE LOS CREADORES DE
A PRUEBA DE FUEGO Y *RETO DE VALIENTES*

CUARTO DE GUERRA

LA ORACIÓN ES UN ARMA PODEROSA

INTRODUCCIÓN
LA ORACIÓN ES UN ARMA PODEROSA

Luego de conocer a Jesús como nuestro Salvador y Señor, nuestro peregrinaje a penas está en sus comienzos. Puede ser fácil llegar a involucrarse en la vida y olvidar el primer amor y el sutil enemigo que nos quiere alejar de Él.

En la película *Cuarto de Guerra,* Tony y Elizabeth Jordan son los típicos asistentes a la iglesia que llegan a estar satisfechos consigo mismos y, en el caso de Tony, llega a ser hostil hacia Dios, quien los creó para Su gloria. El Diablo, de una manera muy hábil, está destruyendo sus vidas y matrimonio por medio del orgullo, sus ocupaciones, los asuntos financieros y otras tentaciones exteriores.

Nosotros, como los Jordans, también podemos olvidar que nuestras circunstancias y otras personas no son nuestros enemigos. También nos olvidamos de la gracia, del amor de Dios y de las armas que Él nos ha dado para derrotar la tentación. Este estudio bíblico sirve como un recordatorio de las verdades vitales que podemos olvidar con facilidad.

Por medio de este estudio bíblico se llamará a los creyentes a evaluar sus vidas espirituales y su desarrollo, a descubrir su verdadero carácter, confiar en el Dios de la gracia, para declarar victoria sobre el verdadero enemigo, y encontrar su identidad en el Salvador. Este estudio también te recordará que la oración realmente es un arma poderosa.

CÓMO USAR ESTE ESTUDIO

*El estudio bíblico **CUARTO DE GUERRA*** tiene cinco lecciones que se pueden usar para grupos pequeños o para un estudio individual de la Biblia. Cada lección contiene cuatro elementos: Introducción, comentarios del videoclip, comprométete y luego la meditación como una tarea para la casa que consiste en tres días de estudio individual. Reserve de 45 a 60 minutos para las sesiones de grupos.

1. INTRODUCCIÓN: Cada estudio comienza con un repaso introductorio de la próxima lección. Esta sección se diseñó para usar en un grupo, pero también se puede adaptar para el estudio personal. Lee la sesión y si estás en un grupo, contesten juntos la preguntas de la introducción.

2. COMENTARIOS DEL VIDEOCLIP: El estudio bíblico en DVD contiene videoclips de la película *Cuarto de Guerra* para acompañar cada una de las cuatro sesiones. Cada videoclip tiene una duración de 2-4 minutos y el libro tiene preguntas basadas en los principios ilustrados en dichos videoclips para motivar los comentarios.

3. COMPROMÉTETE: Esta sección es el foco principal de cada semana. Los líderes deben emplear la mayor parte del tiempo de enseñanza con el grupo usando los versículos y las preguntas en esta sección.

4. MEDITACIÓN PARA LA TAREA DE LA CASA: Por último, a los miembros de la clase se les deben asignar tres días de estudio individual con la aplicación para la vida. Esto lo podrán completar en la casa, durante la semana, antes de la próxima sesión del grupo. Mediante este estudio individual los miembros del grupo serán capaces de bucear más profundamente en los conceptos que se presentan a través de los videoclips y de los comentarios en grupo.

UNA CARTA PARA LOS LÍDERES

Gracias por contestar el llamado para dirigir a este grupo pequeño de estudio bíblico. Queremos decirte que mientras preparábamos este estudio, te estuvimos elevando en oración, pidiéndole a Dios que guiara y usara a todos los líderes.

Creemos que este estudio tiene implicaciones para todos los creyentes. Esperamos que esto te brinde una oportunidad para que tu grupo se una más entre sí y, por último, se acerque más a Dios a medida que ustedes aprenden juntos cómo ejercer la oración como un arma poderosa.

Tal vez estés haciendo este estudio como parte de una gran campaña de toda la iglesia en anticipación al estreno de *CUARTO DE GUERRA*. Quizá tu grupo ya haya visto la película y esté comprometido en este estudio de cinco semanas como un seguimiento. No importa en qué momento se realice este estudio ni cuál sea el formato de tu clase, este estudio tiene un enorme potencial para ayudar a transformar vidas en tu iglesia y comunidad al mismo tiempo que aprenden más acerca de la oración.

Las palabras en estas páginas no son poderosas ni son parte de una fórmula secreta que garantice mejorar las relaciones y hacer crecer tu iglesia. Pero combinadas con la viviente Palabra de Dios, que cambia vidas, este mensaje puede ser una herramienta increíble que inspire dramáticos avivamientos en los corazones de los creyentes y ofrezca una sólida herramienta del Evangelio para los no creyentes.

Es posible que tú experimentes algún temor acerca de guiar este estudio. ¡No te preocupes! Dios no te ha llamado a facilitar este estudio porque tú seas perfecto y tengas toda tu vida resuelta. Tú estás guiando este estudio porque Dios prepara a Su pueblo para hacer Su obra. Nuestra oración por ti es que mientras dirijas este estudio veas a Dios obrando en tu vida de manera poderosa y sientas que el Espíritu Santo te sostiene.

La mejor manera de prepararte para cada semana es completar tú mismo el estudio. Sé sincero y transparente con tu grupo, y con honestidad revela aspectos con los cuales tú también luchas. Pide a Dios en oración que guíe tus palabras y te dé poder para dirigir bien, y Él lo hará. Gracias por dirigir a otros de esta forma.

SESIÓN 1

EVALUACIÓN HONESTA

Esta semana es acerca de la evaluación. Las preguntas difíciles y las respuestas verdaderas. Este proceso no intenta avergonzarte, sino más bien revelar puntos ciegos e inspirar el crecimiento.

EXAMINAOS A VOSOTROS MISMOS SI ESTÁIS EN LA FE; PROBAOS A VOSOTROS MISMOS. ¿O NO OS CONOCÉIS A VOSOTROS MISMO, QUE JESUCRISTO ESTÁ EN VOSOTROS, A MENOS QUE ESTÉIS REPROBADOS? (2 CORINTIOS 13:5)

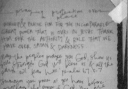

Bienvenidos a la primera semana. Dios nos creó, a cada uno de nosotros para Su gloria y quiere que crezcamos más cerca a Él y que cada día seamos más como Él. Una de las cosas más importantes que podemos hacer para crecer espiritualmente es ser honestos y abiertos en cuanto a dónde estamos en cada área. Durante esta semana trataremos de animar una auto-evaluación honesta entre tú y Dios. Este proceso no tiene la intención de desalentarte, sino ayudarte a conocerte mejor e inspirarte a tener un mayor crecimiento personal durante las próximas semanas.

En tu opinión, ¿cuán cerca estás de Dios ahora? El cero significa que estás congelado y muy lejano; y diez estás en fuego y muy cercano.

0   1   2   3   4   5   6   7   8   9   10

Acerca de la cercanía a Dios, ¿dónde te gustaría estar en un año?

0   1   2   3   4   5   6   7   8   9   10

¿Estás progresando a un ritmo que te permita alcanzar tu meta en un año?

¿Cuáles decisiones y ajustes importantes necesitas hacer para ayudarte a crecer?

Ora para que Dios te dé un deseo renovado y la gracia para ayudarte a buscarlo a Él apasionadamente, y así crecer espiritualmente durante este próximo año. Pídele que use este estudio bíblico como un punto inicial para tener un andar más profundo y cercano a Él.

Puede ser muy difícil evaluarnos a nosotros mismos con precisión. Cuando se nos pregunta, es natural destacar y exagerar lo bueno y minimizar o negar nuestras faltas (ver Proverbios 21:2; 30:12; 20:6). El apóstol Pablo era un orgulloso fariseo, pero después que Jesús y la gloria de Dios lo enfrentaron, él se llamó a sí mismo el primero de los pecadores (ver 1 Timoteo 1:15). Muchas veces nuestras acciones son los mejores indicadores de dónde estamos espiritualmente que nuestras conjeturas y opiniones.

Hazte a ti mismo, con honestidad, las siguientes preguntas:

1. ¿Con cuánta diligencia buscas y sigues cada día un andar más cercano a Dios?

2. ¿Cuánto tiempo y esfuerzo pasas en Su Palabra y en oración cada semana?

3. ¿Haces un esfuerzo por recordar y aplicar la Palabra de Dios después de escucharla o sueles alejarte y olvidarla?

4. ¿Cuán rápido obedeces a Dios cuando Él te pide que hagas algo?

5. Cuando Dios revela tu pecado, ¿cuán rápidamente lo confiesas y te arrepientes?

Si supieras que Jesús viene en tres días, ¿qué pecados le confesarías y sacarías rápidamente de tu vida? ¿Qué mandamientos obedecerías entre ahora y ese día? Ora ahora para que Dios te dé la gracia para seguir adelante y hacer estas cosas en lugar de posponerlas durante más tiempo.

PERO SED HACEDORES DE LA PALABRA, Y NO TAN SOLAMENTE OIDORES, ENGAÑÁNDOOS A VOSOTROS MISMOS (SANTIAGO 1:22).

VIDEOCLIP DE LA PELÍCULA

Dedica un tiempo con el grupo para ver el videoclip "Café tibio" (4:00). Lee la siguiente declaración del resumen antes de ver el videoclip. Después dedica unos pocos minutos para comentar el videoclip, usando las preguntas provistas.

RESUMEN

Elizabeth Jordan es una exitosa vendedora de bienes raíces, pero en su matrimonio no tiene éxito alguno. Ella considera que su vida espiritual está bien, pero de pronto se ve en medio de una prueba inesperada. Un encuentro providencial con una nueva clienta la llevará a establecer una relación de consejería que cambiará su vida para siempre. En esta escena, la Srta. Clara le hace preguntas directas al corazón para ayudar a Elizabeth a ser abierta y honesta acerca del estado de su vida espiritual.

CONVERSACIÓN ABIERTA

1. *¿Qué metáfora bíblica usó Clara para ayudar a Elizabeth a evaluar el lugar de Dios en su vida?*

2. *Responde a la misma pregunta que Clara le hizo a Elizabeth. Si ahora mismo hay algo acerca de tu vida que deseas mejorar, ¿qué es? Si no te molesta, cuéntaselo al grupo. ¿Has estado orando por esto?*

3. *¿Alguna vez has sentido que estás luchando una lucha equivocada? Explica.*

4. *¿Qué minas están presentes en tu vida? ¿Has pisado alguna de estas? ¿Hay alguna que por la gracia de Dios has podido evitar? ¿Hay alguna que temes y que está surgiendo en el panorama de tu vida futura?*

COMPROMÉTETE

Lee el pasaje de las Escrituras del cual Clara toma su analogía del café tibio.

LEE EN VOZ ALTA APOCALIPSIS 3:14-22.

Resume la preocupación principal de Jesús acerca de los creyentes de Laodicea.

La autosuficiencia y el orgullo marcaban la iglesia de Laodicea. A la ciudad le faltaba una provisión de agua directa, así que los acueductos llevaban agua caliente y fría desde lugares lejanos. Pero cuando esta llegaba, a menudo era un agua tibia y también llena de sedimentos dañinos. El agua caliente era útil para limpiar y bañarse. El agua fría era útil para tomar y refrescarse. El agua tibia no valía más que una queja.

¿Cómo poco a poco nuestras vidas se convierten en agua tibia mientras más nos alejamos de la Fuente de agua viva?

¿Qué evidencias de una vida tibia ves en la vida de los cristianos actuales? ¿Qué de tu propia vida?

De acuerdo al versículo 19, ¿qué estaba motivando a Jesús para ofrecer una reprensión tan áspera y un castigo tan severo? (Ver también Hebreos 12:6).

En el versículo 19, ¿cuáles son las dos cosas que Jesús dijo que debemos hacer?

Sé, pues, _____ , y _____ .

La palabra *celoso* significa estar lleno de celos, afecto y amor por alguien o algo. Quiere decir volver a estar caliente para Dios. Aquí la palabra *arrepiéntete* va más allá de solo sentirse mal y con remordimiento, sino realmente cambiar nuestras mentes y corazones acerca de algo, dando por resultado un cambio de estilo de vida. Esto es difícil de hacer por nuestra cuenta, pero si confiamos en Dios puede suceder con la ayuda de Él.

Jesús nos invita a tener un compañerismo más íntimo con Él. Vuelve a leer el versículo 20. La imagen de Cristo parado frente a la puerta es un mensaje para creyentes que a través del tiempo han permitido que el pecado, la apatía y el orgullo impidan que Cristo ocupe el trono, del cual es propietario, por ser el Señor de sus vidas. Jesús desea tener una relación más estrecha, tomar todo el control y reavivar Su relación con cada uno de nosotros.

¿Cuáles son 3 cosas específicas en tu vida que te impiden estar más en llamas por Dios?
1.
2.
3.

Ahora te invitamos a orar para que Dios haga estas tres cosas en tu vida. Pídele que...
1. Busque en tu corazón y te revele tu verdadera condición ante Él.
2. Que te dé la gracia para arrepentirte de cualquier pecado no confesado y que seas más celoso y apasionado en tu relación con Él.
3. Que te ayude a abrir tu corazón y a permanecer obediente y más íntimamente cercano a Jesús.

DÍA UNO

"ME DIJISTE QUE VAN A LA IGLESIA DE VEZ EN CUANDO. ¿Y ES PORQUE TU PASTOR SOLO PREDICA DE VEZ EN CUANDO?"

~SRTA. CLARA, CUARTO DE GUERRA

Esta semana trataremos la evaluación espiritual. La palabra *probaos* en 2 Corintios 13:5 es la palabra en griego *dokimazo*. Esto significa *examinar* o *probar* para determinar "si algo es genuino".[1]

Hay una gran diferencia entre profesar ser un cristiano y realmente conocer a Cristo y vivir como un creyente con madurez. Cualquiera puede decir que lo conoce, pero aquellos que lo hacen, experimentarán una genuina transformación del corazón de adentro hacia afuera (ver 2 Corintios 5:17). El libro de 1 Juan nos muestra que conocer verdaderamente a Cristo dará por resultado un estilo de vida de obediencia, arrepentimiento de pecado, una fe viviente, evidencias del Espíritu de Dios y amor por otros cristianos. Una característica de los cristianos primitivos era su disposición para relacionarse a un cuerpo de creyentes. Ellos querían tener compañerismo con otros cristianos.

LEE HECHOS 2:44-46.

Describe la naturaleza de las relaciones entre los creyentes primitivos según este pasaje.

¿Cuál de las experiencias en la iglesia primitiva es la más evidente en los creyentes que tú conoces? ¿Cuál crees que sea la más carente? ¿Por qué?

Ahora lee 1 Corintios 12:24b-27 a continuación. Subraya cada uso de la palabra miembro.

DIOS ORDENÓ EL CUERPO, DANDO MÁS ABUNDANTE HONOR AL QUE LE FALTABA, PARA QUE NO HAYA DESAVENENCIA EN EL CUERPO, SINO QUE LOS MIEMBROS TODOS SE PREOCUPEN LOS UNOS POR LOS OTROS. DE MANERA QUE SI UN MIEMBRO PADECE, TODOS LOS MIEMBROS SE DUELEN CON ÉL, Y SI UN MIEMBRO RECIBE HONRA, TODOS LOS MIEMBROS CON ÉL SE GOZAN. VOSOTROS, PUES, SOIS EL CUERPO DE CRISTO, Y MIEMBROS CADA UNO EN PARTICULAR.

Describe un tiempo de aflicción en el que tú experimentaste que el cuerpo local de creyentes sintió simpatía y preocupación por ti. Es posible que también escojas un tiempo en que fuiste capaz de expresar esa misma preocupación por otra persona relacionada a ti en el cuerpo de Cristo.

Ahora reflexiona acerca de la algún momento cuándo disfrutaste un gozo personal o celebración con tu cuerpo local de Cristo. ¿Cómo tu familia de la iglesia multiplicó tu gozo?

CONCLUYE EL ESTUDIO DE HOY LEYENDO HEBREOS 10:23-25.

¿Por qué razón, o razones, el escritor anima a los creyentes a mantenerse fieles a las reuniones?

Aunque Dios es perfecto, sus seguidores en la Tierra no lo son. Todas las iglesias están formadas por personas como tú y yo que a diario necesitamos la gracia y el perdón de Dios. Aunque cada uno de nosotros puede tropezar (ver Santiago 3:2), Dios sigue mandando que todos sus hijos permanezcan relacionados para amar, servir, perdonar, animar, consolar y orar unos por otros de manera constante. Todos nos beneficiamos de manera mutua y Dios se glorifica. ¡Esto es hermoso!

Antes de pasar a la segunda sesión del estudio individual para esta semana, toma un momento para evaluar en oración tu relación con la iglesia local.

Si tu compromiso con la iglesia local es un indicador de tu fe en Cristo, ¿qué dice esta acerca de ti?

Excepto en las películas de acción, los soldados inteligentes no van solos a la batalla. Tú necesitas el cuerpo local de Cristo y el cuerpo local de Cristo te necesita a ti.

Al terminar, pide a Dios en oración cómo quiere Él que tú estés relacionado de una manera más profunda a Su iglesia.

1. Thayer y Smith. Entrada de Greek Lexicon para "Dokimazo", The NAS New Testament Greek Lexicon (en línea) 1999 (citado el 2 de marzo de 2015). Disponible en Internet: www.biblestudytools.com.

DÍA DOS

"ENTONCES, SI YO TE PREGUNTARA POR TU VIDA DE ORACIÓN, ¿DIRÍAS QUE ES FRÍA O CALIENTE?"
~SRTA. CLARA, CUARTO DE GUERRA

Comienza hoy contestando la pregunta de la Srta. Clara. De hecho, sé tan específico como puedas usando la línea que está debajo. ¿Cómo es tu vida de oración? ¿Caliente, fría o en algún punto entre estas dos?

FRÍA •————————————————————————• *CALIENTE*

Es posible que la mayoría de las personas crean que la oración en la vida de un creyente es el acto de comunicarse con Dios. Nosotros hablamos y Él escucha. Él habla y nosotros atendemos. Por lo menos, así es como debe funcionar, ¿verdad? Muchas veces esa comunicación se reduce a nada más que una lista de peticiones que se ruegan a un Dios benevolente. ¿Cuánto cambiaría tu vida si comenzaras a ver y tratar a Dios como a un amigo más cercano, más íntimo, en lugar de ser un conocido casual? ¿Qué pasaría si vieras la oración como una necesidad constante en lugar de ser algo que se hace por si acaso? ¿Qué si se convirtiera en un arma lista en lugar de ser un anuncio clasificado al azar?

LEE EFESIOS 6:10-18.

¿Cuánta armadura necesitamos ponernos a diario?

En el espacio provisto, enumera cada parte de la armadura de Dios y el propósito que esgrime en la vida del creyente.

ARMADURA	PROPÓSITO

Vuelve a ver Efesios 6:11. ¿Por qué la armadura es tan importante para el creyente?

La palabra *asechanzas*, en la versión RVR, se traduce como artimañas en la versión NVI. Esa palabra en griego es *methodeia* y significa "artes astutas, engaño, mañas y truco". Solo se encuentra dos veces en el Nuevo Testamento, ambas veces en las cartas de Pablo a los Efesios. Aparece por primera vez en Efesios 4:14, refiriéndose a las estratagemas de los hombres. Pero, en Efesios 6:11 describe las mentiras intrigantes de nuestro enemigo el Diablo. ¿Qué defensa recomienda Pablo? La armadura de Dios. Por lo general, uno no iguala la oración con el atuendo de la batalla, pero no es casualidad que Pablo mande a los creyentes a orar cuando estén involucrados en una guerra espiritual.

Nombra tres cosas que se nos han dicho que hagamos a medida que nos ponemos la armadura de Dios (Efesios 6:13 y 18).

De acuerdo al versículo 18:
¿Cuándo debemos orar?

¿Por quién debemos orar?

¿Cómo debemos orar?

Escribe lo que cada frase del versículo 18 significa para ti:
En todo tiempo:

Con toda oración y súplica:

Velando:

Toda perseverancia:

Súplica por todos los santos:

Cuánto oramos revela cuánto dependemos de Dios. Orar es la antítesis de la autosuficiencia que modelaron los creyentes de Laodicea. Llegar a Dios en oración, mediante Jesús, en cualquier momento y por cualquier cosa es un privilegio que no tiene precio. Todos nosotros necesitamos a Dios todo el tiempo, momento tras momento necesitamos Su gracia para ayudarnos a no perder ninguna oportunidad, no solo enfocarnos en nosotros mismos y no caer en pecado. Una vida de oración más rica y más activa se produce cuando con humildad admitimos nuestra necesidad de Él y entonces dependemos diariamente de la sabiduría y de la gracia de Dios para hacer Su voluntad en cada situación.

¿Qué te hace olvidar la necesidad que tienes de Cristo y la armadura de Dios?

La oración es uno de los mejores recursos cuando se trata del crecimiento espiritual. Es un arma que tenemos para la batalla. También es la mejor posición en la cual estar cuando se hacen evaluaciones. A medida que tú concluyas hoy, escoge una postura de sumisión. Sobre tus rodillas o acostado boca abajo, confiesa tu gran necesidad de Dios. Pídele que te identifique las cosas que tú intentas colocar ante Él. Expresa tu deseo de quitar esas cosas y depender solo de Él.

Antes de pasar a la experiencia individual final para esta semana, escribe una oración, indicando tu deseo de tener una vida de oración más rica. Exprésale a Dios dónde te gustaría que tu vida de oración fuera en los próximos días. Pide a Él en oración que te ayude a llegar allí.

DÍA TRES

"TÚ NO TIENES QUE PISAR LAS MISMAS MINAS QUE YO PISÉ. ESO ES UNA PÉRDIDA DE TIEMPO".

~SRTA. CLARA, CUARTO DE GUERRA

En el primer estudio individual de esta semana se examinó en las Escrituras la importancia de relacionarte de manera profunda con un cuerpo local de creyentes. Uno de los mayores beneficios para esta relación es la profundidad del aprendizaje que viene al caminar a lo largo de la vida con otros creyentes. No tenemos por qué repetir los errores de otros. Pablo escribió a los creyentes corintios: "Sed imitadores de mí, así como yo de Cristo" (1 Corintios 11:1). Imitar la vida de otros creyentes experimentados que están un poco más adelantados en el peregrinaje es uno de los métodos del discipulado que prescribe la Biblia.

LEE HEBREOS 13:7.

CONSIDERA LAS SIGUIENTES PREGUNTAS RELACIONADAS A ESTE VERSÍCULO:

¿Quién en tu vida modela para ti la semejanza a Cristo? ¿Qué has aprendido de esa persona?

¿Qué minas has evitado debido al sabio ejemplo o consejo de esa persona?

USA LAS SIGUIENTES PREGUNTAS COMO UNA HERRAMIENTA DE EVALUACIÓN Y COMPROMÉTETE A TOMAR PASOS PARA MEJORAR EN LO QUE TE ESTÁ FALTANDO:

¿Es tu vida espiritual apática, falta de gozo y desapasionada?

¿Tienes por lo menos un pecado del que te niegas a arrepentirte?

¿Tienes por lo menos una persona a la que te niegas a perdonar?

¿Amas y buscas a Dios menos que antes?

¿Están las palabras de tu boca desagradando a Dios y deshonrando a otros?

¿No ves evidencia alguna de oraciones contestadas o del poder de Dios obrando en tu vida?

¿Tienes tiempo para entretenerte, pero no para estudiar la Biblia, orar o presentar a otros tu fe?

¿Permites que el orgullo, la preocupación o el temor te impidan obedecer lo que Dios te ha dicho que hagas?

¿Ve tu familia que te comportas de una forma en la iglesia y de otra en la casa?

¿Es tu adoración a Dios indiferente y mediocre?

CONCLUYE LEYENDO EN VOZ ALTA SALMOS 145:4 A CONTINUACIÓN:

GENERACIÓN A GENERACIÓN CELEBRARÁ TUS OBRAS, Y ANUNCIARÁ TUS PODEROSOS HECHOS.

Como un creyente que está madurando, es posible que tú seas más joven que algunos seguidores veteranos de Jesús y mayor que otros. Es de mucho valor considerar bien a quienes tú sigues y también a los que te siguen a ti. Cuán importante es para nosotros considerar la generación que viene después de nosotros y las cosas de nuestra fe que tal vez les podamos entregar, además del legado de fe que a nosotros nos han pasado. Vuelve a referirte a las palabras de Pablo en 1 Corintios 11:1. Él hace una declaración similar en 1 Corintios 4:16. En esta carta él invita dos veces a los creyentes en Corinto a seguir/imitar/seguir su vida. ¿Por qué? Por causa del ejemplo de Cristo que él quiso mostrar.

En la próxima sesión de grupo pequeño verás un videoclip que trata acerca de la amistad y de hacerte responsable ante un cristiano/a, un aspecto clave para una relación saludable. Responsabilizarse tiene mucho valor en ambos lados de la ecuación de lo que significa ser un mentor. Tú necesitas miembros del cuerpo de Cristo a quienes debes rendir cuentas y también a otros que te rindan cuentas a ti. "Hierro con hierro se aguza; y así el hombre aguza el rostro de su amigo" (Proverbios 27:17).

Ahora, ora por tus mentores actuales y futuros y también por aquellos que tú cuidarás. Enumera los nombres de las personas en tu vida ante quienes también sientes una responsabilidad personal de modelarles a Cristo.

SESIÓN 2

SÉ RESPONSABLE

Esta semana trataremos el tema de rendir cuentas a otros… y las heridas de un amigo/a confiable. Tal vez tengas a alguien en tu vida que está dispuesto a andar a través de las dificultades contigo. Quizá a tu vida le falte ese tipo de amistad sólida. Para tener un/a amigo/a como ese, tú debes ser un amigo/a como ese.

FIELES SON LAS HERIDAS DEL QUE AMA: PERO IMPORTUNOS LOS BESOS DEL QUE ABORRECE. (PROVERBIOS 27:6)

Bienvenido a la segunda semana. Comienza esta semana comentando algunas cosas de tu experiencia individual en el estudio de la primera semana. Usa las siguientes preguntas como punto de partida:

Durante la semana pasada, ¿qué fue lo que más te impactó durante la conversación abierta de grupo o durante tu estudio personal?

¿Qué evaluaciones espirituales o compromisos Dios te dirigió a hacer esta semana pasada?

EN GRUPO, LEAN EN VOZ ALTA EL SIGUIENTE SALMO, ¿ES ESTA UNA ORACIÓN QUE TÚ QUISIERAS ORAR?

Salmos 141:3-5a

PON GUARDA A MI BOCA, OH JEHOVÁ;
GUARDA LA PUERTA DE MIS LABIOS.
NO DEJES QUE SE INCLINE MI
CORAZÓN A COSA MALA,
A HACER OBRAS IMPÍAS
CON LOS QUE HACEN INIQUIDAD;
Y NO COMA YO DE SUS DELEITES.
QUE EL JUSTO ME CASTIGUE,
SERÁ UN FAVOR,
Y QUE ME REPRENDA SERÁ UN EXCELENTE BÁLSAMO.

Uno de los beneficios invaluable de vivir en comunidad cristiana es la rendición de cuestas. Dediquen un tiempo como grupo para definir este término. ¿Cómo es? ¿Cómo se siente? ¿Cómo se utiliza mejor? ¿Cómo has visto que se abuse de esto?

Proverbios 27:5-6 dice: "Mejor es reprensión manifiesta que amor oculto. Fieles son las heridas del que ama; pero importunos los besos del que aborrece".

El videoclip de esta semana pinta un cuadro claro de la rendición de cuentas cristianas en acción.

La excepción consoladora: El tópico de rendir cuentas a otros puede ser alarmante en un grupo. No te preocupes. No se pondrá a nadie en un apuro. Este estudio toma el trabajo de la evaluación espiritual que hiciste la semana pasada y establece una barandilla para mantenerte en la pista para el nuevo compromiso que hiciste.

VIDEOCLIP DE LA PELÍCULA

Como grupo, tomen tiempo para ver el videoclip "Gimnasio" (2:37). Lee la siguiente declaración del resumen antes de ver el videoclip. Después dedica unos pocos minutos para comentar el videoclip, usando las preguntas provistas.

RESUMEN

Tony Jordan está lejos de Dios y está tomando decisiones que son equivalentes a jugar con fuego. Por suerte para él, tiene un amigo dispuesto a hablarle las verdades difíciles, aunque él las rechace. Michael es un amigo sincero que entiende mucho acerca del papel de rendir cuentas. Esta escena bosqueja la importancia del valor de esto en el contexto de las relaciones piadosas.

CONVERSACIÓN ABIERTA

1. *Explica alguna ocasión en que tú estuviste en los zapatos de Michael. ¿Es fácil o difícil para ti decir palabras desafiantes a alguien por quien te preocupas?*

2. *Considera alguna ocasión en que te viste en el lugar de Tony. ¿Tienes a alguien en tu vida que se detuvo para confrontarte con tus pecados? Si fue así, ¿cómo lo recibiste?*

3. *¿Cuán importante es rendir cuentas en el contexto de las relaciones cristianas? ¿Por qué lo consideras así?*

COMPROMÉTETE

VUELVE A LEER EN VOZ ALTA PROVERBIOS 27:6 (PÁGINA 21).

¿Qué te dice este pasaje acerca de la idea de hacerte responsable ante otro? ¿Cómo es que esas heridas, golpes y reprensiones de un amigo/a puedan ser mejor que los besos?

En el Salmo 141, David escribe a favor de hacerse responsable ante otro. Su deseo es que Dios lo guíe para alejar su corazón del mal, específicamente mediante amistades honestas que serán muy audaces ante el rey, hasta el punto de reprender cualquier acción malvada que ellos encuentren.

Como grupo, lean los siguientes versículos y comenten lo que ofrece cada uno respecto a rendir cuentas.

Hebreos 3:13

Proverbios 27:17

Santiago 5:19-20

Gálatas 6:1-2

Eclesiastés 4:9-12

En tu opinión, ¿cuál de los versículos anteriores describen mejor el valor de la rendición de cuentas en tu vida?

Lee Efesios 4:15, ¿Qué significa hablar "la verdad en amor"? ¿Cómo has visto esto en la práctica?

¿Luchas más para hablar verdad o para hablar en amor? ¿Cuáles son algunas formas en que alguien pueda balancear tanto la verdad como el amor al comunicarse? ¿Cómo Jesús balanceó ambas?

Como grupo, comiencen el proceso leyendo la siguiente oración en voz alta.

Santo Dios, Tú eres muy digno de toda nuestra atención y afecto. Cada uno de nosotros depende del poder de Tu Espíritu Santo que nos hable. Cada uno de nosotros necesita relacionarse con otros creyentes que digan la verdad difícil en amor. ¿Nos ayudarás a balancear la verdad y el amor en nuestras relaciones? ¿Nos ayudarás a practicar la verdadera responsabilidad cristiana? Te amamos. Creemos que Tú nos escuchas y que conoces el deseo de nuestro corazón para seguir bien. Oramos en unidad de corazón y espíritu en el nombre de Jesús. Amén.

DÍA UNO

"HACE TIEMPO QUE SOMOS AMIGOS, PERO HAY CIERTAS COSAS QUE NO TE IMPORTAN".

~TONY JORDAN, CUARTO DE GUERRA

Esta semana, durante tu estudio individual, tú continuarás concentrándote en el valor de rendir cuentas dentro de tu comunidad cristiana. Aunque la Biblia no nos ofrece una receta sencilla para rendir cuentas a otros creyentes, los ingredientes se pueden encontrar tanto en el Antiguo como en el Nuevo Testamento.

LEE EFESIOS 5:1-14.

Toma un momento para ser vulnerable. Aunque esta porción de tu estudio *CUARTO DE GUERRA* se concentra en la necesidad de rendir cuentas a otros creyentes, esta vez solo será entre tú y Dios.

> *¿Qué hay en tu vida que sea semejante a "las obras infructuosas de las tinieblas" que describe Pablo en Efesios 5:11? En una actitud de confesión, haz una lista a continuación de cosas que tú necesitas sacar de tu vida.*

> *Lee 1 Juan 1:8-9 y anota específicamente lo que este declara como un beneficio de la confesión ante Dios.*

Ahora sé honesto. ¿Hay algún otro creyente de confianza que también pudo redactar tu lista? ¿Alguien que sabe cuáles son tus debilidades y tus puntos ciegos?

AHORA LEE SANTIAGO 5:16.

> *¿Qué beneficios hay en contarle a otro creyente las luchas?*

En este versículo la palabra en griego para *sanados* es *iaomai*. Desde luego, esto significa exactamente lo que tú crees que significa… *curado*. Pero hay un segundo significado que puede comunicar con más exactitud lo que hace la confesión. Esto significa *ser hecho entero*.[1] Esto es realmente lo que sucede en el momento de la salvación. Es también lo que pasa cuando hablamos a otros creyentes para responsabilizarnos unos a otros. Ser íntegros. Ser sanados.

¿Has experimentado o has visto el poder sanador de una relación en la que se rinde cuentas a otro creyente? Si es así, descríbela a continuación.

Es en la oscuridad que alguien grita: "no es tu problema". A la postre, fuimos hechos para relacionarnos. La mejor imagen del cristianismo que podemos presentar sucede cuando caminamos en relaciones saludables y honestas de manera que otros puedan ver a Cristo en el amor que sentimos los unos por los otros.

Lee Isaías 29:15 y copia las palabras del profeta en el espacio de abajo.

La confesión trae perdón y sanidad.

Encubrir trae pena y dolor.

Compara y contrasta Efesios 5:11-12 y Salmos 66:18.

¿Cómo el pecado no confesado ha afectado tu vida de oración?

¿Hay alguien a quien tú le rindes cuenta de los patrones pecaminosos en tu vida? Piensa a quién te puedes acercar para comenzar a rendir cuentas. Haz planes para hablar con esa persona acerca de comenzar esta clase de relación.

Los pecados secretos llevan a la vergüenza y a oraciones que no se escuchan. Para concluir, ora al Dios que te escucha porque Él te ha perdonado. Dale gracias a Él por eso. Luego, pídele que te lleve a rendir cuentas para continuar en sanidad, integridad y confiando en que tus oraciones son escuchadas.

1. Thayer y Smith. "Greek Lexicon entry for Iaomai," The NAS New Testament Greek Lexicon [online] 1999 (citado el 2 marzo de 2015). Disponible en: www.biblestudytools.com.

DÍA DOS

"YA QUE HEMOS SIDO AMIGOS DESDE HACE TIEMPO, NO QUIERO VER MORIR TU MATRIMONIO. ASÍ QUE SI ESTÁS SANGRANDO, NO SEGUIRÉ COMIENDO MI ENSALADA".

~MICHAEL, CUARTO DE GUERRA

Hay una gran responsabilidad en las relaciones. Busca y lee cada uno de los siguientes versículos. Nota el aspecto de la responsabilidad que presenta cada pasaje.

Efesios 4:29-32

Juan 15:13

Job 6:14

Proverbios 18:24

Parte de tener una comunidad cristiana es tener amistades que caminen contigo a través de las dificultades y que también te mantengan responsable a tu compromiso con Cristo. Nunca somos tan vulnerables para pecar como cuando estamos a solas. Necesitamos una comunidad que nos recuerde que debemos permanecer fuertes.

SU DESEO BUSCA EL QUE SE DESVÍA, Y SE ENTREMETE EN TODO NEGOCIO (PROVERBIOS 18:1).

Un buen compañero para rendir cuentas debe ser confiable para que guarde una confidencia. La cercanía en las relaciones se forma a base de la confianza (ver Proverbios 11:13).

LEE 1 CORINTIOS 12:12-26.

Estos versículos hablan de la diversidad de dones y talentos entre el cuerpo de creyentes. En lugar de considerar que una persona o un talento es superior a otros, debemos trabajar juntos para ayudarnos unos a otros a aumentar nuestra semejanza a Cristo.

Piensa en la diversidad de dones y talentos en tu iglesia y en tu grupo pequeño. Enumera algunos de los dones que los miembros de tu comunidad tienen y que tú no posees.

¿De qué maneras has visto que tu comunidad use sus dones y talentos para ayudar a alguien cuando estaba "sangrando"?

¿De qué maneras han trabajado juntos para instarse unos a otros a ser semejantes a Cristo?

Este pasaje también habla acerca de tener la misma preocupación "los unos por los otros" (v. 25). Pablo sigue diciendo que esto significa que debemos sufrir con estos que sufren en nuestra comunidad. También debemos gozarnos cuando honran a aquellos en nuestra comunidad. Con frecuencia es mucho más fácil decirlo que hacerlo.

Dentro de la iglesia ¿cómo has visto sufrir unos con otros? ¿Cómo los has visto regocijarse unos con otros?

¿Cuáles son algunos pasos que pueden dar como grupo para usar mejor tus talentos y habilidades para sufrir y regocijarte unos con otros?

¿Cómo puedes dar pasos personalmente para sufrir y regocijarte con tu comunidad de creyentes?

Sin unos y otros, el cuerpo de creyentes estaría incompleto. Dios nos ha dado el uno al otro para que seamos más y más semejantes a Él. Esto lo hacemos mejor en comunidad y rindiéndonos cuenta unos a otros.

A medida que concluyas esta sesión de estudio individual, haz una oración, pidiendo específicamente por cada uno de los asuntos siguientes:

• *Alaba a Dios por Jesucristo, el Mesías.*

• *Dale gracias a Dios por tu red de hermanos y hermanas en Cristo.*

• *Pide a Dios que fortalezca la familia de tu iglesia.*

• *Si tienes un hermano o hermana en Cristo en específico que pudieras nombrar como un compañero/a a quien rendir cuentas, da gracias a Dios por esa persona.*

• *Si no tienes una persona a quien rendir cuentas, pide a Dios que te envíe una.*

• *Pide a Dios que fortalezca tu habilidad de hablar la verdad en amor a amistades que dependen de ti para rendir cuentas.*

• *Pide a Dios que continúe revelando aspectos débiles en tu vida que necesitan enfocarse más en Él.*

• *Da gracias a Dios por escuchar y proveer.*

DÍA TRES

"NOS VEMOS EN LA IGLESIA".
~TONY JORDAN, CUARTO DE GUERRA

"YO NECESITO VER LA IGLESIA EN TI, MI HERMANO".
~MICHAEL, CUARTO DE GUERRA

¿Qué crees que significa "ver la iglesia" en alguien? Quizá esta pregunta se pueda hacer de una manera más clara en esta forma, ¿qué quiere decir vivir de manera tal que tú reflejes a Cristo en la forma de Su iglesia? Escribe tu respuesta abajo.

La Biblia no usa la frase "rendir cuentas" directamente, pero en repetidas ocasiones usa otras virtudes y admoniciones bíblicas para describir las relaciones con rendición de cuentas.

YO JEHOVÁ VUESTRO DIOS, QUE OS SAQUÉ DE LA TIERRA DE EGIPTO, PARA QUE NO FUESEIS SUS SIERVOS, Y ROMPÍ LAS COYUNDAS DE VUESTRO YUGO, Y OS HE HECHO ANDAR CON EL ROSTRO ERGUIDO (LEVÍTICO 26:13).

La palabra *erguido* es la palabra hebrea *komemeeyooth* y en otras traducciones de la Biblia aparece escrita como "con confianza" o "libre". "Verticalidad" es otra palabra para integridad.[1] Mientras que el pecado nos puede esclavizar (ver Juan 8:34), ayudarnos unos a otros a evitar el pecado realmente trae una mayor libertad. Estar en una relación de compromiso con otros creyentes nos ayuda no solo a andar con integridad, sino también a evitar las consecuencias de tomar decisiones tontas mientras que disfrutamos los beneficios de hacer las cosas correctas.

EL CAMINO DE LOS RECTOS SE APARTA DEL MAL; SU VIDA GUARDA EL QUE GUARDA SU CAMINO (PROVERBIOS 16:17).

Ser responsables ante Dios por el gran regalo de la libertad que Él nos ha ofrecido en Cristo nos motiva a ser obedientes. Rendirse cuentas unos a otros es un reflejo de esa libertad que se vive con responsabilidad.

Busca los siguientes versículos. Anota al lado de cada uno lo que dicen explícitamente acerca de la libertad. Luego escribe qué implican acerca de la responsabilidad.

Salmos 119:45

2 Corintios 3:17

Gálatas 5:1

Romanos 6:22

La marca enraizada de un creyente en Jesucristo es la libertad. El mayor gozo de cualquier iglesia, el cuerpo colectivo de Cristo, debe ser la libertad que tenemos de las consecuencias del pecado.

Caminar en libertad del pecado no indica libertad de la responsabilidad. De hecho, nuestra libertad en Cristo crea responsabilidad por nuestras acciones. Por fortuna para nosotros, tenemos el poder del Espíritu Santo obrando en nuestras vidas, transformándonos en imágenes vivientes de Jesús.

Incluso, si alguien no está en nuestro grupo de rendir cuentas, tanto en Mateo 18:15-18 y en Lucas 17:3, Jesús nos comunica que cuando sea necesario debemos ir a otros creyentes en privado y hacerles ver su responsabilidad cuando estén viviendo en pecado. Aunque esto nunca es divertido, es una parte necesaria para ayudarnos unos a otros a permanecer bien con el Señor.

Por último, concluye en oración. Sigue pidiéndole a Dios que fortalezca tus relaciones existentes o que dé inicio a nuevas relaciones con el propósito de mantenerte responsable a Su palabra. ¿La meta? Que otros puedan ver la belleza e integridad de Cristo y la gloria de Dios en ti y en tu iglesia.

---

1. Brown, Driver, Griggs y Gesenius. "Entrada de Hebrew Lexicon para Qowmemiyuwth", The NAS Old Testament Hebrew Lexicon [en línea] (citado el 2 de marzo de 2015). Disponible en Internet: www.biblestudytools.com.

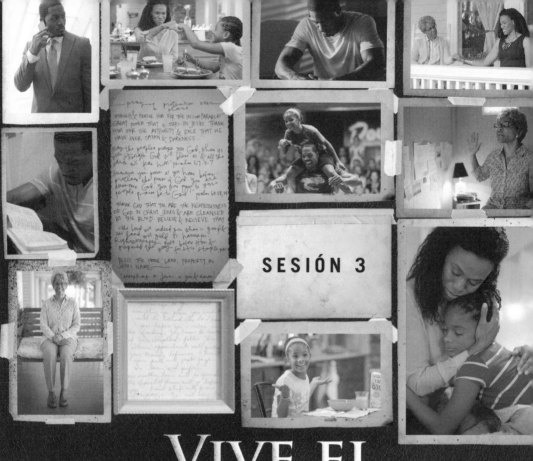

VIVE EL EVANGELIO

Esta semana trataremos el poder del Evangelio. El Evangelio no solo nos salva del infierno. El Reino de Cristo es uno donde las vidas de los habitantes se transforman diariamente para ser más semejantes a Él. La Biblia llama a esto santificación. Así que no es solo por la gracia de Dios que somos salvos, es por la gracia de Dios que somos cambiados.

Y PODEROSO ES DIOS PARA HACER QUE ABUNDE EN VOSOTROS TODA GRACIA, A FIN DE QUE, TENIENDO SIEMPRE EN TODAS LAS COSAS TODO LO SUFICIENTE, ABUNDÉIS PARA TODA BUENA OBRA. (2 Corintios 9:8)

Las definiciones importan. Hoy te desafiamos a definir la palabra *gracia*.

LEE EFESIOS 2:4-9.

La palabra *gracia* se usó tres veces en este pasaje. Todo este pasaje une la gracia y la salvación, el amor, la bondad, la riqueza y a Dios, quien satisface con libertad las necesidades espirituales de nuestra vida que no hemos ganado ni merecemos. Busca Efesios 2:4-9 y toma un momento para brevemente elaborar la definición de gracia de tu grupo. Permite que cada participante presente y luego concentren cada idea en una sola definición que hayan acordado. Escribe tu definición.

Definición del grupo sobre la "gracia":

Comenten lo siguiente para comenzar hoy tu grupo de estudio.

¿Por qué es tan importante entender la gracia de Dios como un don inmerecido de Su favor y bondad?

¿Por qué es un error pensar que la salvación se basa en las obras?

¿Por qué el orgullo humano tiende a escoger una salvación basada en obras?

¿Cómo la salvación basada en las obras realmente oprime, esclaviza y desanima?

La salvación por gracia mediante la fe separa el cristianismo de todas las demás religiones del mundo. Sin embargo, nuestra comprensión de la gracia no se debe limitar a la expiación que la muerte de Cristo nos ofreció. También se debe extender al cambio y a la nueva vida que se ha forjado en nosotros gracias a Su resurrección y a la dádiva del Espíritu Santo que viene luego de la experiencia de nuestra salvación. Aunque confiemos en la gracia de Dios para ser salvos, también debemos confiar en su gracia diaria que libremente nos provee todo lo que necesitamos para obedecerlo a Él y para vivir sus mandamientos.

Ahora bien, ¿cómo el entender y recibir la gracia de Dios nos hace tratar diferentes a los demás? ¿Cómo el don de la bondad de Dios para nosotros nos hace ser personas más dadoras y bondadosas? ¿Cómo el ser perdonados por la gracia nos capacita para perdonar a otros libremente?

VIDEOCLIP DE LA PELÍCULA

Como grupo, tomen un tiempo para ver el videoclip "El Evangelio y la gracia" (3:51). Lee la siguiente declaración del resumen antes de ver el videoclip. Después dedica unos pocos minutos para comentar el videoclip, usando las preguntas provistas.

RESUMEN

Ahora Elizabeth está comprometida con la Srta. Clara, quien es su mentora. En este videoclip de la película *CUARTO DE GUERRA*, la Srta. Clara aprovecha un momento de enseñanza para guiar a Elizabeth en su comprensión de la gracia. La Srta. Clara invita a Elizabeth a comprender mejor la gracia que Dios le ha dado. También alerta a Elizabeth en cuanto a los ataques del enemigo que solo quiere destruir cómo Elizabeth entiende y utiliza la gracia de Dios.

CONVERSACIÓN ABIERTA

1. *¿Quién te ha extendido una gran gracia en el pasado? ¿O quién te ha enseñado mucho acerca de cómo caminar en la gracia? ¿Qué aprendiste en esa relación?*

2. *¿Has tenido dificultad en tu vida al perdonar aquellos que te han ofendido? Si así fue, ¿por qué crees que eso es cierto?*

3. *En este videoclip, ¿cómo describe Clara el Evangelio?*

4. *De acuerdo con Clara, ¿qué merecemos de Dios? ¿Cómo te sientes al saber que Dios, en su lugar, nos brinda gracia?*

5. *¿Qué tan consciente estás tú de los ataques del verdadero enemigo en tu vida?*

COMPROMÉTETE

Usa el pasaje de Efesios 2:4-9 que se leyó antes para contestar las siguientes preguntas.

¿Qué dicen estos versículos acerca del carácter y el corazón de nuestro Dios?

De acuerdo a este pasaje, ¿por qué Dios nos otorgó gracia y perdón?

¿Qué peligro se asocia con las obras en Efesios 2:9?

La salvación basada en las obras es realmente imposible y busca honrar al hombre. La salvación basada en la gracia es lo que Jesús nos ofrece y lo que solo honra a Dios. Ahora lee los siguientes pasajes acerca de vivir en la gracia de Dios. Usa las preguntas que se proveen, comenta lo que estos pasajes ofrecen en cuanto a la santificación (llegar a ser más semejante a Cristo).

Colosenses 3:12-17
Tito 2:11-14
Efesios 4:22-32

Basado en estos pasajes, a la luz de la salvación que se nos dio, ¿cómo deben vivir los creyentes? ¿Cómo no deben vivir?

De acuerdo a Colosenses 3:13, debemos perdonar como se nos ha perdonado. ¿Por qué es esta una parte tan importante de la gracia?

Quitarnos el viejo ser y ponernos el nuevo ser es una vívida descripción de lo que sucede en la vida de un creyente que camina en la gracia de Dios. Ponerte el nuevo ser es tomar acción. Debemos caminar como Jesús caminó. Todo lo correspondiente a la vida de una persona después de la salvación es una obra en progreso que lleva al creyente cada vez más cerca a la imagen de Jesús.

¿Has tratado de trabajar y ganar la salvación mediante tus obras religiosas y cumplimientos o realmente has recibido por fe el don gratis del perdón y la salvación por la gracia de Dios y lo que ya Cristo hizo por ti? Si has tratado de ganar tu camino al cielo, entonces, ¿hay algo que te detiene para confiar ahora mismo en Cristo y en su muerte en la cruz en pago completo por tus pecados? Ahora, ora y recibe por fe su don gratuito de la vida eterna (Lee Romanos 6:23).

¿Cómo pueden orar los unos por los otros para experimentar la gracia de Dios y caminar plenamente vivos durante esta semana? Invita a algunos voluntarios a orar, agradeciéndole a Dios Su gracia y pidiéndole Su ayuda y fortaleza para perdonar y extender bondad a otros, como Cristo te lo demostró.

DÍA UNO

"ÉL NOS DA GRACIA Y ÉL NOS AYUDA A DARLA
A OTROS AUNQUE NO LA MEREZCAN. TODOS
MERECEMOS EL JUICIO DE DIOS, Y ESO ES LO QUE EL
SANTO DIOS NOS DA SI NO NOS ARREPENTIMOS Y
CREEMOS EN SU HIJO".

~SRTA. CLARA, CUARTO DE GUERRA

En tus estudios individuales de esta semana tú evaluarás en primer lugar el poder del Evangelio en tu vida. La gracia es un regalo de Dios, nadie se la gana, nadie podría hacerlo y eso es lo que la hace ser buenas nuevas. La gracia de Dios no solo te salva, también es lo que te sostiene. Y nunca la necesitarás más que cuando estás encarando a tu Enemigo.

Comienza hoy con algunas exploraciones del Evangelio.

Lee los siguientes versículos y describe lo que dice cada uno acerca de la gracia y/o el Evangelio.

Romanos 5:8

Romanos 6:23

Romanos 8:1

2 Corintios 5:21

1 Timoteo 1:15

PROFUNDIZA EN ROMANOS 3:23-26:

POR CUANTO TODOS PECARON, Y ESTÁN DESTITUIDOS
DE LA GLORIA DE DIOS, SIENDO JUSTIFICADOS
GRATUITAMENTE POR SU GRACIA, MEDIANTE LA
REDENCIÓN QUE ES EN CRISTO JESÚS, A QUIEN DIOS PUSO
COMO PROPICIACIÓN POR MEDIO DE LA FE EN SU SANGRE,
PARA MANIFESTAR SU JUSTICIA, A CAUSA DE HABER PASADO
POR ALTO, EN SU PACIENCIA, LOS PECADOS PASADOS, CON
LA MIRA DE MANIFESTAR EN ESTE TIEMPO SU JUSTICIA, A

FIN DE QUE ÉL SEA EL JUSTO, Y EL QUE JUSTIFICA AL QUE ES DE LA FE DE JESÚS.

Subraya en este pasaje todo lo que Dios ha hecho por ti.

Ahora escribe todo lo que tú has hecho para ganar la gracia de Dios, de acuerdo a este pasaje.

La palabra griega para *destituidos* es *hustereo* y significa literalmente *detrás*. Quedarse detrás significa no llegar a la meta. También lleva la connotación de ser inferior o fracasar.[1]

Todo lo que traemos a la salvación es una vida que se queda completamente por detrás. ¿Por qué? Por causa del pecado. Lo que Dios hace, a pesar de nuestro pecado, es concedernos gracia y justicia en lugar del pecado. Nada que pudiéramos hacer jamás estaría cerca a esto y mucho menos llegar a la línea final de la salvación. Solo por la gracia de Dios se nos concede el perdón.

¿Cuál es la respuesta apropiada a este pasaje y al don de la gracia de Dios y el amor por nosotros?

Escribe una oración de acción de gracias a Dios, agradeciéndole Su gracia y perdón.

Si todavía no has rendido tu vida a Jesús, aceptando su don de la gracia para cubrir tu pecado, busca el consejo de tu líder de grupo pequeño, de un pastor, o de otro amigo cristiano. Considera hacer la oración que aparece a continuación, pero usando tus palabras:

Dios, sé que no soy digno de Tu gracia y presencia. Perdóname por mi desobediencia. Gracias por enviar a Tu Hijo para cubrir en la cruz mi naturaleza pecadora. Gracias por Tu don de la gracia. Te someto mi vida; ayúdame a vivir como una nueva creación. Amén.

---

1. Thayer y Smith. "Entrada de Greek Lexicon para hustereo". The NAS New Testament Greek Lexicon [en línea], 1999 (citado el 2 de marzo de 2015). Disponible en Internet: www.biblestudytools.com.

DÍA DOS

"ELIZABETH, NO HAY LUGAR PARA TI Y PARA DIOS EN EL TRONO DE TU CORAZÓN. ÉL O TÚ. TIENES QUE BAJARTE, SI QUIERES LA VICTORIA, PRIMERO TIENES QUE RENDIRTE".

~SRTA. CLARA, CUARTO DE GUERRA

COMIENZA HOY LEYENDO 1 SAMUEL 5:1-6.

Dos cosas de esta historia están claras.

1. Dios no tenía intención alguna de compartir espacio con un ídolo falso en un templo.

2. Dios tampoco tenía intención alguna de compartir el espacio en nuestro corazón con ídolos falsos.

La salvación, en esencia, es un regalo invalorable de Dios. Además, nos conduce de una bella manera a la acción más poco natural de aquellos que la han recibido, que se han rendido. Rendirse no es natural porque parece como darse por vencido, rendirse.

Es mucho más natural pelear para tener control. Es mucho más fácil ceder a la carne y así preservar nuestro ego y nuestro estatus propio. Pero también es mucho más dañino.

J.D. Greear escribe: "El Evangelio ha hecho su trabajo en nosotros cuando anhelamos ardientemente a Dios más de lo que anhelamos todo lo demás en la vida, más que el dinero, el romance, la familia, la salud, la fama, y ver Su Reino progresar en la vida de otros nos da más gozo que cualquier cosa que pudiéramos poseer. Cuando vemos a Jesús como mayor que cualquier cosa que el mundo nos pudiera ofrecer, gustosamente soltamos todo lo demás para poseerlo a Él".[1]

> *¿Qué es lo que más anhelas? Enumera cualquier cosa y todo lo que tiendas a darle prioridad en tu vida, antes que a Dios.*

> *¿Estarías dispuesto a dejar a un lado esto o cualquier otra cosa, incluso cosas buenas, para mantener a Cristo en primer lugar en tu corazón?*

Tal vez Elizabeth dudaba ofrecerle gracia a Tony porque ella no entendía la plenitud de la gracia de Dios en su propia vida. El Evangelio de Jesús sería barato si los que lo reciben no fueran capaces de distribuirlo. Solo cuando nos bajamos del trono es que realmente podemos ver lo mucho que Dios nos ha dado. Entonces, y solo entonces, lo desearemos a Él más que a ninguna otra cosa que el mundo nos ofrezca.

LEE MATEO 13:44-46.

Resume las dos ilustraciones sencillas que se encuentran en estas parábolas.

¿Qué se le requería al hombre y al comerciante para ganar su tesoro? ¿Cómo esto ilustra el Reino de los cielos?

Si queremos victoria, esta comienza con rendirse. Rendirse no parece ser algo natural hasta que tú entiendas que lo que ganas al rendirte a Cristo es mejor que cualquier otra cosa que puedas desear en Su lugar.

Enumera cómo tú necesitas rendirte a Dios en los siguientes aspectos:

En tu familia:

En tu matrimonio:

En tu iglesia:

En la forma en que usas tu tiempo y recursos:

Termina hoy haciendo una oración de rendición. Dile a Dios lo agradecido que estás por su gracia. Pídele que te ayude a darle un lugar correcto en el trono de tu vida. Dile exactamente cuán bendecido te sientes al tenerlo a Él en primer lugar. Exprésale tu deseo de mantenerlo así.

PORQUE TODO EL QUE QUIERA SALVAR SU VIDA, LA PERDERÁ; Y TODO EL QUE PIERDA SU VIDA POR CAUSA DE MÍ Y DEL EVANGELIO, LA SALVARÁ (MARCOS 8:35).

1. J.D. Greear, Gospel (Nashville, TN: B&H Publishing, 2011), 23.

DÍA TRES

"Y TÚ NECESITAS PELEAR EN ORACIÓN".

~SRTA. CLARA, CUARTO DE GUERRA

Es posible que nada constituya mejor la adoración que la vulnerabilidad. ¿Por qué? Dos razones: Primero, ser vulnerable indica confianza y humildad de corazón. Segundo, ser vulnerable ante Dios indica una comprensión más cabal de quién es Él, y que Él es confiable. Tener un concepto enaltecido de Dios durante un tiempo de necesidad atrae al creyente cada vez más cerca al Único que puede satisfacer toda necesidad.

Comienza hoy, dedicando un tiempo a memorizar Hebreos 4:16.

ACERQUÉMONOS, PUES, CONFIADAMENTE AL TRONO DE LA GRACIA, PARA ALCANZAR MISERICORDIA Y HALLAR GRACIA PARA EL OPORTUNO SOCORRO.

Acercarse a Dios con audacia no significa que podamos acercarnos a Él de manera irrespetuosa o llenos de orgullo, sino como hijos de Dios disfrutando "la libertad de expresión" ante nuestro amoroso Padre. Debido a lo que Jesús hizo por nosotros, ya no somos enemigos cohibidos por el pecado, la culpa, la vergüenza o la duda. Somos hijos queridos quienes, por fe, podemos orar abierta y libremente confiados en el cuidado que nuestro Padre nos prodiga y en Su capacidad de manejar bien cualquier petición que le hacemos.

Describe un tiempo en tu vida cuando más sentiste que necesitabas la ayuda de Dios.

El interés de Dios es usar a los débiles para su propósito. Alguien pudiera argumentar que es la clave que Dios usa para abrir su poder. Dale un vistazo a estos ejemplos y nota cómo Dios usa la debilidad de maneras maravillosas:

1. Debilidad de Pedro: Juan 18:25-27

   Cómo Dios usó a Pedro: Hechos 2:37-42

2. La debilidad de Moisés: Éxodo 3:1-10; 4:10-13

   Cómo Dios usó a Moisés: Éxodo 13:1-16

3. La debilidad de Gedeón: Jueces 6:11-16

   Cómo Dios usó a Gedeón: Jueces 8:22-35

El legado de Gedeón no fue lo que tú puedes haber esperado. ¿Por qué?

¿Cómo Dios ha usado las debilidades en tu vida para mostrar Su poder?

¿Cuán dispuesto estás a buscar la ayuda de Dios en primer lugar cuando te encuentras en un problema (antes de agotar los demás recursos)? Marca tu respuesta en la línea provista.

EXTREMADAMENTE
PROBABLE

NO MUY
PROBABLE

LEE 1 CORINTIOS 1:26-31.

Llena los blancos basándote en el pasaje.

DIOS ESCOGIÓ LO _____ PARA AVERGONZAR
_____ Y LO _____
PARA AVERGONZAR A LO _____ (V. 27).
A FIN DE QUE _____ (V. 29).

Dedica tiempo para confesarle a Dios algunos aspectos claves de tu vida donde has intentado usar tus propias fuerzas.

Ahora pide a Dios en oración que te haga fuerte en todas tus debilidades. Pídele que te quite cualquier cosa que tengas escondida para poder orar con plena libertad, confianza y audacia. Pídele que profundice tu confianza y fe en su amor y la habilidad para manejar cualquier petición.

Termina en oración, levantando una necesidad específica o preocupación ante su trono que tú o tu familia tengan ahora mismo. Dile que estás confiando en que Él intervenga y haga lo que sea mejor en esta situación. Pídele que te dé una historia que puedas contar a otros y que lo honre a Él en cuanto a cómo Él contesta las oraciones.

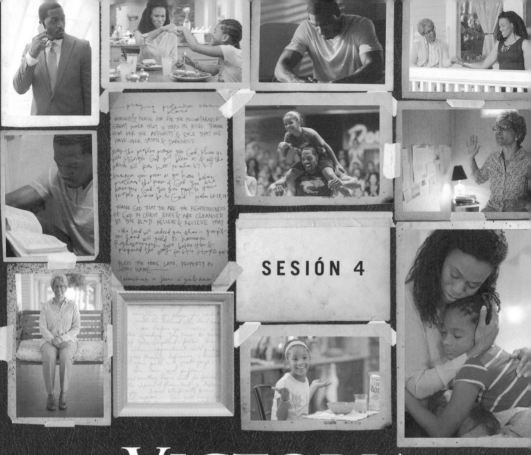

SESIÓN 4

VICTORIA DECLARADA

¿Quién es el enemigo? ¿Es el de cuernos rojos, el personaje cómico que empuña el tridente con una sonrisa malvada? Por supuesto que no. Hay un enemigo peligroso dispuesto a destruirte. Esta semana se enfocará en reclamar la verdad, apoyarse en el poder del Evangelio y caminar en la victoria que ya Cristo logró.

HIJITOS, VOSOTROS SOIS DE DIOS, Y LOS HABÉIS VENCIDO; PORQUE MAYOR ES EL QUE ESTÁ EN VOSOTROS, QUE EL QUE ESTÁ EN EL MUNDO. (1 JUAN 4:4)

Bienvenido a la cuarta semana. Comienza esta semana hablando acerca de tu experiencia en tus estudios individuales. Usa las siguientes preguntas para dar inicio.

¿Qué fue lo que más te impactó la semana pasada durante tu estudio bíblico individual?

¿Cómo te habló o guió Dios? ¿Cómo viste que obraba su gracia?

A medida que los creyentes expandan la comprensión de la gracia, él o ella comenzará a ver la gracia de Dios no solo como lo que nos salva a nosotros sino también lo que nos sostiene. En las dificultades de la vida los cristianos necesitan ver la evidencia de esa gracia dadora de vida. Cuando se trata de lidiar con los ataques de nuestro enemigo, necesitamos esa gracia más que nunca.

Cuando se trata de Satanás, los cristianos tienen variadas creencias en cuanto a su existencia o actividad en las vidas de ellos. Hay quienes niegan por completo la presencia del Diablo y otros que no solo creen en él, sino que además lo culpan por cada luz del semáforo y por cada día de lluvia. Algunos no están conscientes e ignoran "sus maquinaciones" (2 Corintios 2:11) y otros quizá tienden a sobre-enfatizar sus engaños y no aceptan reconocer la responsabilidad humana ni la providencia divina. A pesar de esto, es importante que nuestra teología en cuanto al Diablo permanezca balanceada y bíblica.

Más de una docena de libros en la Biblia se refieren al Diablo y el mismo Jesús testificó su existencia (ver Lucas 10:18-20), habló con él (ver Lucas 4), enseñó acerca de él (ver Juan 8:42-44) y advirtió en cuanto a él (ver Lucas 22:31). La Biblia se refiere a él usando muchos nombres, incluyendo: Satanás, el Diablo, la vieja serpiente, el dragón y el acusador de los hermanos (ver Apocalipsis 12:7-12). Pablo dijo: "no ignoramos sus maquinaciones" (2 Corintios 2:11).

SED SOBRIOS, Y VELAD; PORQUE VUESTRO ADVERSARIO EL DIABLO, COMO LEÓN RUGIENTE, ANDA ALREDEDOR BUSCANDO A QUIEN DEVORAR, AL CUAL RESISTID FIRMES EN LA FE (1 PEDRO 5:8-9).

COMENTA LO SIGUIENTE ANTES DE VER EL VIDEOCLIP DE LA PELÍCULA PARA ESTA SEMANA:

¿Cómo evolucionó tu comprensión de Satanás desde la niñez hasta el presente?

¿Cómo sueles negar o minimizar al Diablo o sobre-enfatizar su papel en tu vida?

¿Cómo has visto al enemigo intentar activamente el destruirte a ti y/o a otros a tu alrededor?

VIDEOCLIP DE LA PELÍCULA

Pasen un tiempo en grupo viendo el videoclip "Echando al Diablo" (clip 3:53). Lee la siguiente declaración del resumen antes de ver el videoclip. Después dedica unos pocos minutos para comentar el videoclip, usando las preguntas provistas.

RESUMEN

Hay una diferencia notable entre adquirir conocimientos y aplicarlos. Este videoclip da un vistazo a este último a medida que Elizabeth lleva a su casa la verdad que aprendió de Clara. En su oración, Elizabeth hace la transición de suplicarle a Dios que le niegue al enemigo la entrada a su hogar, a su vida y a su familia. Pasa de orar con fervor las Escrituras a resistir y declarar con audacia la victoria sobre Satanás.

CONVERSACIÓN ABIERTA

1. *¿Cuál fue la diferencia acerca de las oraciones de Elizabeth a medida que ella caminaba desde su estudio hasta el pórtico?*

2. *¿Por qué crees que leer o recitar las Escrituras es una manera tan poderosa de orar?*

3. *Considera cómo tú ves al enemigo. ¿Es él alguien a quien temer o estás tú bien consciente de la victoria de Cristo sobre él? Explica.*

Comprométete

La Biblia nos dice que el Espíritu Santo en el corazón de los creyentes es mucho más poderosa que el Diablo. El apóstol Juan escribió: Hijitos, vosotros sois de Dios, y los habéis vencido; porque mayor es el que está en vosotros, que el que está en el mundo" (1 Juan 4:4-5).

El Espíritu Santo también nos ayuda en nuestra vida de oración. Lee Romanos 8:26-27 acerca del poder del Espíritu en cuanto a la oración. Llena los espacios en blanco con una palabra que nazca de tu comprensión de cada versículo.

Romanos 8:26   "El Espíritu *Nos ayuda* en nuestra debilidad; pues qué hemos de pedir como conviene, no lo sabemos".

Romanos 8:27   "[El Espíritu Santo] conforme a la *Voluntad* de Dios intercede por los santos".

¿Qué dice el pasaje sobre lo que el Espíritu Santo hace por nosotros cuando no sabemos como orar?

Oramos por necesidades y por asuntos de los cuales estamos personalmente conscientes. Sin embargo, el Espíritu Santo es omnisciente y sabe por lo que también debemos estar orando. Él no solo nos inspira con cosas adicionales que debemos pedir, sino que además intercede con el Padre para nuestro beneficio con peticiones que van más allá de nuestra habilidad o comprensión. Él ora por nosotros de manera perfecta, de acuerdo a la voluntad de Dios, "con gemidos indecibles" (Romanos 8:26).

Los creyentes necesitan que el poder del Espíritu Santo esté presente en las oraciones porque es ahí donde se lleva a cabo la verdadera batalla. En la película, Elizabeth aprende que su verdadero enemigo no es su esposo. Su verdadero enemigo es Satanás y la verdadera lucha tiene que ver con cuánto fundamento tiene en la vida de ella.

¿Qué significa dar una oportunidad al Diablo?

Es claro que la amargura le da al enemigo un punto de apoyo que él usa para edificar una fortaleza. ¿Cómo dice Efesios 4:30-32 que nosotros debemos lidiar con la amargura?

¿Qué otros pecados le da al Diablo la oportunidad de atacar y edificar una fortaleza? (Ver 1 Samuel 15:23; Hechos 19:18-19; 1 Corintios 6:15-20).

¿Qué papel juega la oración para no darle una oportunidad al Diablo?

Para terminar el estudio del grupo, asígnense a cada uno alguien del grupo por quien orar. Utiliza este tiempo para orar en el poder del Espíritu Santo. También pide por fe al Espíritu Santo que interceda a tu favor y ora al Padre por ti de acuerdo a la voluntad de Dios.

DÍA UNO

"SOMÉTANSE A DIOS. RESISTAN AL DIABLO Y ÉL HUIRÁ" [SANTIAGO 4:7]

~ELIZABETH JORDAN, CUARTO DE GUERRA

La Srta. Clara, el personaje catalítico de *CUARTO DE GUERRA*, sabe bien muchas cosas. Conoce bien la Palabra de Dios y sabe cómo aplicarla. Cuando se trata del impacto del Evangelio, tú no puedes tener uno sin el otro. Desde luego, Jesús lo resumió mejor que nadie. Él explicó que cualquiera que no solo escucha Su Palabra sino que también la aplica es sabio (lee Mateo 7:24-25).

EMPIEZA HOY LEYENDO JUAN 10:10:

> EL LADRÓN NO VIENE SINO PARA HURTAR Y MATAR Y DESTRUIR; YO HE VENIDO PARA QUE TENGAN VIDA, Y PARA QUE LA TENGAN EN ABUNDANCIA.

Satanás es un ladrón que viene a robarte. Pero no es un robo de menor cuantía. Es más semejante al asesinato criminal. Pero todavía va más profundo. Lo suyo es un asalto premeditado con la intención de destruir nuestro gozo, fe, familia y testimonio. Es importante conocer a nuestro enemigo y entender sus ataques.

Lee los siguientes pasajes. Une, a la lista adjunta, lo que cada uno dice acerca de Satanás y sus ataques.

Apocalipsis 12:10	*Un mentiroso y el padre de las mentiras*
Juan 8:44	*Gobernador de este mundo que usa la desobediencia*
1 Pedro 5:8	*Busca a quien devorar*
Efesios 2:2	*Ciega a los incrédulos*
2 Corintios 4:4	*Emplea tácticas para tentar*
Efesios 6:11	*Acusa día y noche*

En Juan 10:10, ¿qué dice Juan que Jesús vino a darnos?

Jesús vino para dar vida, pero la meta de Satanás es destruir.

Toma un momento para ser franco. Si necesitas un aumento de claridad, pide al Espíritu Santo que te revele verdades importantes para ti. Si necesitas un aumento de valor, pide lo mismo al Espíritu para dotarte de su fuerza.

Para cada uno de los siguientes métodos, nombra el que usa el enemigo para atacarte.

• ¿Cómo te distrae el enemigo?

• ¿Cómo te engaña el enemigo?

• ¿Cómo te divide el enemigo?

• ¿En qué está obrando Satanás para destruir algo en tu vida?

LEE SANTIAGO 4:7.

SOMETEOS, PUES, A DIOS; RESISTID AL DIABLO, Y HUIRÁ DE VOSOTROS.

Esto es lo primero que tú necesitas recordar cuando estás lidiando con el deseo de Satanás para robar, matar y destruirte. Sométete a Dios. La semana pasada hablamos de esto.

¿Cómo someterse a Dios trae vida en lugar de destrucción?

Este versículo también muestra que el Diablo se puede resistir. Si se resiste, él huirá. Esta es una promesa divina. Es una evidencia de la gracia de Dios. Es una muy buena noticia.

Concluye en oración esta semana alabando a Dios por esa promesa y declara tu propia intención para resistir al enemigo cuando este trata de distraer, engañar y dividirte o alejarte del Señor y de otros. Esto comienza al creer en Dios y en sus promesas y cuando nos sometemos al señorío de Cristo. Eso lo harás mejor si te colocas en una postura de oración.

DÍA DOS

"HAS ESTADO JUGANDO CON MI MENTE Y DURANTE MUCHO TIEMPO TE HAS SALIDO CON LA TUYA. ¡BASTA YA! ¡SE ACABÓ!"

~ELIZABETH JORDAN, CUARTO DE GUERRA

Cuando Elizabeth oró en su ropero, ella clamó a Dios. En esencia, ella rogó pidiendo ayuda. En la próxima línea ella pronunció las Escrituras. Cuando Dios viene a rescatarnos, a menudo lo hace con Su Palabra.

> *Lee los siguientes versículos que Elizabeth recitó en su oración honesta. Luego escríbelas en el espacio que se provee.*
>
> *Juan 10:10*
>
>
> *2 Tesalonicenses 3:3*
>
>
> *Santiago 4:7*

Estas palabras de la Biblia proveen todo el armamento que Elizabeth necesitaba para pararse en firme y pelear contra el enemigo en la forma que Clara le recomendó.

Cuando tú lees los versículos en el orden que Elizabeth los recitó, tienen mucho sentido. La primera referencia quita el velo a la verdadera naturaleza del juego del enemigo. Él viene a robar, matar y destruir. Juan 10:10 también nos revela la promesa de Dios en respuesta a la del Maligno. Jesús vino a dar vida, a devolvernos lo que el pecado se lleva. Segunda de Tesalonicenses 3:3 explica cómo esa vida es posible. Cuando el Diablo ataca, el Señor provee fuerzas. Es Él quien nos guarda. Por último, Santiago 4:7 nos da la receta de cómo 2 Tesalonicenses 3:3 obra. El creyente debe someterse a Dios y resistir al Diablo, entonces, él huirá.

Entender al enemigo (Juan 10:10).

Confiar en la defensa de Dios (2 Tesalonicenses 3:3).

Someterse a Su voluntad (Santiago 4:7).

Este es un plan relativamente sencillo con una aplicación que a menudo es difícil.

¿Cuál estrategia (o versículo) es más difícil para ti y por qué?

No es un accidente que Elizabeth usara las Escrituras para obtener confianza y enfrentar al enemigo con audacia.

LEE EFESIOS 6:17.

¿Qué dice este versículo acerca de la Palabra de Dios?

¿Cómo es que la Palabra de Dios puede ser un arma en tu vida?

Llenar tu mente con las Escrituras es la mejor manera de estar lista para la batalla. Sabemos esto debido al ejemplo de Jesús.

LEE MATEO 4:1-11.

¿Cómo respondió Jesús a las preguntas del Diablo?

Jesús usó las Escrituras como un arma contra Satanás. No solo conoció los versículos bíblicos, sino que además conoció el contexto. Lo había meditado y estudiado. Él entendió que las Escrituras se pueden usar como un arma para derrotar la tentación y a Satanás.

LEE 2 TIMOTEO 3:16-17.

Enumera las maneras en que Pablo declara que la Palabra de Dios es útil.

Dios inspiró las Escrituras, así que esta es una espada poderosa que Él mismo nos ha dado. Con Su palabra podemos enseñar, redargüir y estar preparados para toda buena obra. También tenemos el poder para derrotar a Satanás cuando nosotros empuñamos el arma de la Palabra.

¿Qué necesitas hacer para estar preparado para empuñar las Escrituras como un arma contra la tentación? ¿Cómo puedes dar pasos para hacerlo durante esta semana?

Pide ayuda a Dios para estudiar y aprender Su palabra. Dale gracias por habernos dado el arma para vencer a Satanás y los medios para estar capacitados para toda buena obra. Pide a Dios que Él te guíe a aprender un versículo específico que te ayudará a responder las mentiras del Enemigo con la verdad invariable de Dios.

DÍA TRES

"Mi alegría no viene de mis amigos, ni de mi trabajo, ni siquiera de mi esposo. Mi alegría está en Jesús y, en caso que lo olvidaras, Él ya te derrotó".

~Elizabeth Jordan, Cuarto de Guerra

Se ha enseñado que la felicidad es un deleite basado en las circunstancias, mientras que el gozo se deleita a pesar de las circunstancias. Aunque la felicidad a menudo se puede confundir con el gozo cuando todo en la vida parece estar bien, es solo mediante una relación con Cristo que una persona puede llegar a tener un verdadero gozo cuando todo está terriblemente mal.

Dedica un momento a describir un tiempo en que tú experimentaste gozo durante una dificultad.

Ahora considera la fuente de ese gozo. La respuesta fácil es: Jesús. Sin embargo, esta no puede ser tu respuesta para este ejercicio, queremos que tú escribas en el espacio provisto qué cosa en específico te da gozo acerca de Jesús.

Lee los siguientes principios en cuanto al gozo y los versículos de las Escrituras que acompañan cada uno.

Salmos 71:23	El gozo está presente en mi vida cuando estoy alabando a Dios.
Salmos 21:6	Tengo gozo cuando estoy en la presencia de Dios.
Santiago 1:2-3	Tal vez yo sienta gozo en las pruebas porque Dios me da perseverancia.
Salmos 119:11	El gozo viene por conocer la palabra de Dios.
1 Pedro 1:8	El gozo se encuentra a través de la fe en Cristo.
Filemón 1:7	El gozo procede del ánimo y del compañerismo con otros creyentes.
Gálatas 5:22	El gozo viene por medio de la obra del Espíritu Santo.

Pablo estaba sentado en la prisión cuando le escribió a los filipenses. Tal vez esta fuera su carta de más gozo. Él menciona muchas veces el gozo y el regocijo, y en Filipenses 4:4 le dice a los filipenses: "Regocijaos en el Señor siempre".

LEE FILIPENSES 4:4-9.

¿Cómo sería regocijarse siempre… cuando los tiempos son buenos… cuando los tiempos son difíciles?

¿Cuál es la sugerencia de Pablo para tener "la paz de Dios"?

Pablo escribió a los filipenses, diciéndoles que dejaran de preocuparse y que ellos debían acudir a Dios con sus peticiones. Luego les dijo que ellos debían pensar (calcular, medir o deliberar) en las cosas que son puras, amables o de buen nombre. No hay nadie más verdadero, amable, excelente o digno de alabanza que el mismo Dios. No hay una palabra más verdadera, pura, amable o más excelente que las mismas palabras de Dios. No hay nada que nos pueda dar paz y gozo como orar, fijar nuestros ojos en Jesús y las Escrituras.

C.S. Lewis explora los ataques del enemigo en contra de los hijos de Dios en su libro *Cartas del Diablo a su sobrino*, una obra de ficción basada en la realidad. En este libro el demonio le escribe a su sobrino: "es gracioso notar cómo los mortales siempre nos pintan como que estamos poniendo cosas en sus mentes, cuando, en realidad, nuestro mejor trabajo se realiza cuando mantenemos las cosas fuera de su mente".[1]

Una de las estrategias que el enemigo emplea es alejar tus pensamientos de Dios y del gozo. Quizá entrar en tu mente no sea su mejor método para hacerlo, sino evitar que medites en lo que sin duda alguna te acercaría a Dios.

Hoy, al concluir, pide a Dios que enfoque tu mente en las cosas que se enumeran en Filipenses 4:8. Pídele ayuda para pensar en Él y en Su Palabra. Convierte en un motivo de oración cualquier cosa que te este dando motivo de preocupación. Echa toda tu ansiedad sobre el Señor y dale gracias a Dios por el gozo que solo se encuentra en Él.

---

1. C. S. Lewis, *Cartas del Diablo a su sobrino*, New York, N.Y., Harper Collins, 1996, p. 16, en inglés.

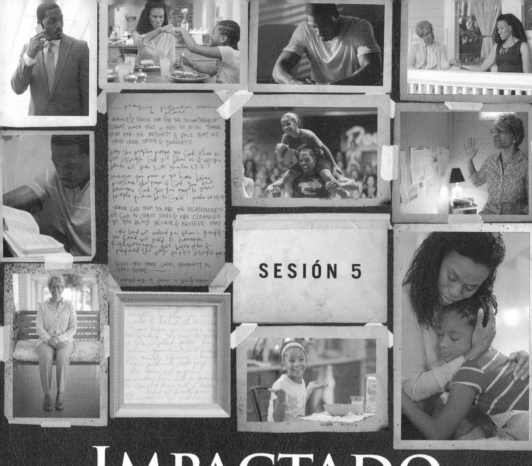

IMPACTADO POR LA GRACIA

Esta última semana tratará acerca de tu identidad en Jesús. Esta es la culminación de las semanas de evaluación y declaración que tú experimentaste. Esta es una realidad que el poder del Espíritu Santo ha forjado en nuestras vidas. Es un punto de conexión con Dios que se ilustra mejor a través de una vida de oración profunda. Recibir el perdón de los pecados y el impacto de la gracia es lo que transforma a una persona. El estudio bíblico de esta semana es en un examen de cómo es esa transformación.

MAS EN TODOS LOS QUE LE RECIBIERON, A LOS QUE CREEN EN SU NOMBRE, LES DIO POTESTAD DE SER HECHOS HIJOS DE DIOS. (JUAN 1:12)

50

Bienvenido a la quinta semana. Comienza esta semana hablando sobre tu experiencia durante el estudio individual. Toma tiempo para que cada participante que lo desee conteste una o más de las siguientes preguntas:

- *¿Cómo te habló Dios directamente a ti durante esta semana a través de tu estudio individual?*

- *¿De qué maneras has visto al Espíritu de Dios activo en ti en esta semana?*

- *¿Quién ha sido la persona más influyente en tu vida en cuanto a tu identidad en Cristo? ¿Por qué?*

Una de las tareas más interesantes de cualquier película basada en la fe es el peregrinaje de un personaje. Una cosa es ver dónde comienza un personaje y notar dónde están cuando termina la película, y otra cosa es notar las partes específicas del peregrinaje que los lleva hasta allí. Quitar el viejo ser y poner uno nuevo es una parte activa de ser un seguidor de Cristo. Como aprendimos en la tercera semana, esto se llama santificación y es la obra del Espíritu Santo formarnos a la imagen de Jesús. Merece que notemos ese proceso en cada una de nuestras vidas.

Al comenzar esta semana, dedica tiempo para enumerar cinco a siete características de una vida transformada.

Ahora hazlo un poco más personal. ¿Cuál ha sido la experiencia más transformadora en tu vida como un creyente? Coméntalo con el grupo.

Charles Stanley explica que la transformación cristiana se parece un poco a renovar los muebles viejos, lo cual es un proceso de dos etapas. Primera etapa, uno debe quitar lo viejo. Ahora, tienes un "borrón y cuenta nueva" para poner la nuevo.[1] El videoclip de esta semana ofrece un vistazo a ese proceso. Mientras lo miras, considera la obra que Dios ha hecho en tu vida para ayudarte a quitar lo viejo y poner lo nuevo. A medida que lo hagas, recuerda que el proceso de podar en tu vida es un paso importante para obtener el resultado que Dios desea y reconocer que Dios todavía está obrando en tu vida para formarte de acuerdo a la persona que Él quiere tener en ti cuando te creó.

1. Charles Stanley, Un toque de Su libertad, Zondervan, Grand Rapids, MI., 1991, p. 27 (en inglés).

VER

VIDEOCLIP DE LA PELÍCULA

Dediquen un tiempo en el grupo para ver el videoclip "Tony pide perdón" (clip 3:29). Lee la siguiente declaración del resumen antes de ver el videoclip. Después dedica unos pocos minutos para comentar el videoclip, usando las preguntas provistas.

RESUMEN

La película CUARTO DE GUERRA está llena de momentos decisivos. El más importante es el de Tony. De auto-enfocado a Cristocéntrico. De un pecador orgulloso a un humilde arrepentido. De un esposo ausente a un creyente devoto. La gracia y el perdón pueden cambiar a una persona. Como también la oración. Esta escena pinta un cuadro de arrepentimiento y perdón que los espectadores necesitan ver. Este es un cuadro de oraciones contestadas que dan por resultado la transformación de una vida.

CONVERSACIÓN ABIERTA

1. *¿Por qué es tan importante que Elizabeth declare a quién ella realmente pertenece?*

2. *Tony no entiende la naturaleza del perdón de Elizabeth. ¿Alguna vez luchaste con la idea de ser perdonado? ¿Cómo?*

3. *¿Cómo te han cambiado las oraciones que alguien ha hecho por ti? ¿Cómo has visto cambios en otra persona como una respuesta a tus propias oraciones?*

4. *¿Qué diferencia hubo en la vida de Elizabeth cuando ella descubrió de dónde venía su contentamiento? ¿Cómo esto afectó su relación con Tony?*

Comprométete

Lee Gálatas 2:19b-20. Subraya la frase: "Ya no vivo yo, mas vive Cristo en mí".

¿Cómo ves esa frase presente en la vida de Tony?

Basados en los videoclips de esta semana y de la semana pasada, ¿de qué maneras está presente esa frase en la vida de Elizabeth?

Piensa en tu propia historia. ¿Qué ha hecho en ti Dios (por medio de la santificación) para hacer que Gálatas 2:20 sea una verdad en tu vida? Habla de esto con tu grupo.

LEE LAS PALABRAS DE JESÚS A SUS DISCÍPULOS EN JUAN 15:1-8.

Como grupo, enumeren las instrucciones principales de Cristo para Sus seguidores.

¿Qué dice Jesús acerca de Él mismo y qué promete hacer en este pasaje?

En este pasaje la palabra para "permaneced" es la palabra en griego *meno*. Además de sencillamente permanecer, esto quiere decir "continuar presente", o "mantenerse", o "permanecer continuamente". Hay la idea de permanecer o perdurar. Jesús quiere que nosotros permanezcamos en un compañerismo íntimo con Él y que nunca nos alejemos.

Karpos es la palabra en griego para *Fruto*. Es el resultado de permanecer conectado a Cristo, la vid. Mira los siguientes versículos y comenten los tipos de fruto que Dios busca.

Gálatas 5:22
Hebreos 13:15
Romanos 6:22
Colosenses 1:10
Romanos 10:13-15

¿Cómo tú permaneces intencionalmente conectada a la Vid? ¿Qué fruto está presente en tu vida como resultado de permanecer cerca a Cristo?

USA LA SIGUIENTE ORACIÓN COMO UN RECORDATORIO PARA CLAUSURAR ESTE ÚLTIMO TIEMPO CON EL GRUPO.

Padre celestial, no podemos semejarnos más a Cristo ni producir fruto espiritual con nuestro poder o habilidades. Te necesitamos no solo para tener la salvación, sino para producir diariamente el fruto espiritual en nosotros y a través de nosotros. Cámbianos y haz que seamos un testimonio viviente de Tu poder transformador. Te rogamos que permanezcamos cerca a Ti en oración, en Tu Palabra, en la confesión de pecados y en obediencia. Llénanos diariamente con Tu Espíritu y produce un fruto eterno mediante nuestra vida a medida que permanecemos en Ti. Gracias por Tu admirable gracia. Amén.

DÍA UNO

"Yo estaba listo para defenderme. Pero esta vez no puedo. Detesto decir esto, pero merezco que me despidan. He estado engañándolos y a ti también".

~Tony Jordan, Cuarto de Guerra

Es difícil confesar porque es admitir una falta, aceptar la culpa y la responsabilidad. Sin embargo, hay un paso más allá de la confesión: el arrepentimiento. El tono de Tony y el resto de la película son una indicación de que su confesión vino de un corazón totalmente arrepentido. El arrepentimiento no solo consiste en admitir el pecado, sino también alejarse de este. Esa es la obra divina de Dios en nuestra vida.

El arrepentimiento es lo que establece el perdón en nuestra relación con Dios. Un creyente puede decir de manera correcta que él está agradecido por la misericordia de Dios en cuanto a su pecado. Nosotros también podemos decir: "Estoy agradecido por la justicia de Dios en cuanto a mi pecado". Esto se dice menos a menudo, pero no por eso deja de ser muy cierto. Según la justicia de Dios, el pecado se debe castigar. Según la misericordia de Dios, Él nos proveyó a Jesús para que sufriera el castigo. Entonces, sería injusto culparte por tu pecado ya que Cristo pagó el precio de este. Tim Keller, en su libro titulado *Prayer* [Oración], escribe en cuanto al perdón: "Sería injusto que Dios nos negara su perdón porque Jesús ganó nuestra aceptación".[1]

Hay dos puntos importantes en cuanto al perdón.

El primer punto es la expiación. Sin la expiación de pecado no puede haber perdón.

LEE 1 PEDRO 2:24 ACERCA DE LA EXPIACIÓN Y EL SACRIFICIO QUE HIZO JESÚS.

¿De quiénes son los pecados que Jesús sobrellevó?

¿Jesús murió para que nosotros pudiéramos vivir para qué?

¿Cómo tú has sido sanado?

¿Cómo sería vivir una vida justa día a día? ¿Cómo se refleja esto en tu vida?

El segundo punto es el arrepentimiento. El arrepentimiento es algo hermoso y poderoso.

¿Qué pensamientos brotan en tu mente cuando ves la palabra arrepentimiento? ¿Son mayormente negativos? ¿Positivos? ¿Un poco de los dos?

LEE HECHOS 3:19 ACERCA DEL ARREPENTIMIENTO Y LA FUENTE DEL PERDÓN.

¿Por qué necesitas arrepentirte y volver atrás?

¿Cuál es el resultado de ese arrepentimiento?

¿Quién no quiere disfrutar de épocas refrescantes en su vida? Si crees que estás en un momento en que no sientes una épocas refrescante, tal vez debas buscar el arrepentimiento de algo en tu vida. Arrepentirse no es algo negativo. Hechos 3:19 nos muestra con claridad que el arrepentimiento nos lleva a un refrigerio.

Sé específico al arrepentirte ante el Señor. ¿Necesitas arrepentirte en cualquiera de los siguientes aspectos: orgullo, egoísmo, control, comparación o perfeccionismo?

Toma tiempo para confesar y arrepentirte de lo antes mencionado. Pídele a Dios que en el futuro te ayude a evitar estos pecados. Considera decírselo a quien le rindes cuentas. Observa cómo cambiará tu vida como resultado de llevar tus pecados ante el Señor de una manea específica.

Usa el resto del tiempo para hacer tu propia oración de arrepentimiento. Para comenzar, pide a Dios que te revele los aspectos pecaminosos que necesitas confesar. Pídele que cambie la perspectiva de tu corazón respecto al pecado de manera que lo veas como Dios los ve: malo, asqueroso, esclavizador, innecesario. Cuando tú veas el pecado como Dios lo ve, Él hará que en ti nazca el deseo de alejarte de este. El perdón es tuyo gracias al sacrificio expiatorio y tu deseo de arrepentirte. Disfrutarás más plenamente su presencia refrescante en tu vida. Termina tu oración en silencio, meditando en la total bondad de Dios en tu vida. Por medio de Su misericordia, Él dio a Cristo. Por medio de Su justicia, pagó el precio y tu pecado se perdonó. ¡A Dios sea la gloria!

1. Keller, Timothy, Prayer, Dutton, New York, NY, 2014, p. 209.

DÍA DOS

"PERO APRENDÍ QUE MI SATISFACCIÓN NO PUEDE DEPENDER DE TI. TONY, TE AMO. PERO SOY DE ÉL ANTES DE SER TUYA Y PORQUE AMO A JESÚS, ME QUEDO AQUÍ MISMO".

~ ELIZABETH JORDAN, CUARTO DE GUERRA

COMIENZA HOY LEYENDO FILIPENSES 4:11-13.

La palabra en griego para *contentamiento* que se encuentra en Filipenses 4:11 solo se usó una vez en el Nuevo Testamento en griego. Estudia esa palabra a continuación.

Contentamiento

Palabra en griego: Autarkes

Significado: ser suficientemente fuerte para no necesitar ayuda ni apoyo, suficiente, independiente de circunstancias externas, contento con la suerte de uno, con los medios de uno, aunque sean mínimos.[1]

En la actualidad, el contentamiento en el paisaje estadounidense es una ilusión. La motivación de tener más en cada aspecto de la vida ha creado una cultura donde nada siquiera se aproxima a ser suficiente. Más dinero, más posición, más educación, más ocupado, más, más, más. No quiere decir que estas sean cosas malas, pero aquí realmente pudiéramos decir que el exceso de algo bueno es demasiado.

¿Dónde has intentado encontrar contentamiento?

¿En qué aspectos de la vida has luchado para encontrar contentamiento o permanecer contento?

Lee Hebreos 13:5 y escríbelo con tus palabras en el espacio provisto.

De acuerdo al escritor de Hebreos, ¿qué promesa de Jesús permite el contentamiento?

La cercanía de Cristo permite el contentamiento a pesar de las circunstancias. Santiago escribe a los cristianos dispersos en la iglesia primitiva: "Acercaos a Dios, y él se acercará a vosotros" (Santiago 4:8a).

Cuando te has visto plagado de descontento, ¿cómo el acercarte a Jesús te ayudó a encontrar contentamiento?

A medida que el matrimonio de Elizabeth se desmoronaba, ella aprendió a estar contenta en Cristo. Cuando la vida es maravillosa, la prueba de si Cristo es suficiente ocurre raramente. Tu verdadera respuesta a la pregunta del contentamiento viene en tus peores momentos.

Menciona algunos momentos difíciles en tu vida cuando sentiste la cercanía de Dios. ¿Cómo esto te trajo contentamiento a pesar de las circunstancias?

¿Puedes tú transpirar gozo y permanecer contento cuando la tierra se desmorona bajo tus pies? Eso es lo que estaba diciendo Pablo. Su reacción a la prisión cuando le escribía a la iglesia en Filipo, era un mensaje de contentamiento a pesar de las circunstancias. Luego vino la famosa cita en el versículo 13: "Todo lo puedo en Cristo que me fortalece". Pablo no veía que el contentamiento y la comodidad fueran sinónimos. Él sabía que podía estar contento hasta en medio de su encarcelamiento por predicar el Evangelio. ¿Por qué Pablo pudo ser tan audaz? Porque él aprendió el secreto del contentamiento.

¿Qué cosas en este capítulo ayudaron a Pablo a encontrar contentamiento?

Filipenses 4:6-7 -

Filipenses 4:8 -

Filipenses 4:9 -

Filipenses 4:13 -

Filipenses 4:19 -

Convierte estas cosas en una oración, pidiéndole a Dios que las use para enseñarte a encontrar tu total contentamiento en Él a pesar de tus circunstancias. Escribe tu oración y luego órala.

---

1. Thayer y Smith. "Entrada de Greek Lexicon para Autarkes", The KJV New Testament Greek Lexicon [en línea] citado el 2 de marzo de 2015. Disponible en Internet: www.biblestudytools.com.

DÍA TRES

"LE PEDÍ A DIOS QUE ME PERDONARA. PERO NECESITO QUE TÚ ME PERDONES. NO QUIERO QUE TE DES POR VENCIDA CONMIGO".

~TONY JORDAN, CUARTO DE GUERRA

"YO TE PERDONO".

~ ELIZABETH JORDAN, CUARTO DE GUERRA

Para tu último ejercicio individual de este estudio te presentamos las tres palabras más poderosas pronunciadas en la película y una oportunidad de leer y reflexionar en cuanto a su significado en tu propia vida.

Yo Te Perdono.

LEE MARCOS 11:25.

> *¿Qué te dice este versículo que debemos hacer cuando oramos?*

LEE HEBREOS 4:16.

> *¿A qué te invita este versículo?*

> *¿Cómo esto te invita a hacerlo?*

Para entender por qué debemos llegar al trono de Dios de manera tan audaz, necesitamos mirar los versículos anteriores.

VUELVE Y LEE EL CONTEXTO PREVIO QUE SE ENCUENTRA EN HEBREOS 4:12-15.

Desde los versículos 12 y 13, entendemos que la Palabra de Dios sirve como un juez viviente, que ve y sabe todo de lo cual cada uno debe dar cuenta en su vida. Sin embargo, somos capaces de aferrarnos a una confesión de fe porque, según los versículos 14 y 15, sabemos que la expiación se ha logrado y que Jesús, nuestro Sumo Sacerdote, ha perdonado los pecados. Debido a la obra redentora de Cristo es que podemos acercarnos al cielo con confianza.

Sin el perdón, no puede haber audacia, ni confianza.

Este es un cambio que tú ves de inmediato en Tony.

Sin el perdón, no puede haber generosidad en las relaciones.

Este es el cambio que hemos estado esperando en Elizabeth. Antes, en la película, ya Clara le había explicado que nadie merece la gracia de Dios. Ahora, al estar contenta en Cristo, Elizabeth sabe que ella pertenece a Jesús antes de pertenecer a Tony. Esta alta perspectiva de Dios en su vida la capacita para extender el perdón. Esto fomenta una clara vista del Evangelio aplicado a la vida.

J.D. Greear explica que la verdadera experiencia del Evangelio de Jesús significa que ninguna relación volverá a ser igual. Cuando se presenta el desafío de estar ofendido o dolido, el Evangelio te recordará el verte a ti mismo, primero, como un pecador y segundo, como el ofendido por el pecado de otro. Él escribe que "la marca más clara de la gracia de Dios en tu vida es un espíritu generoso (es decir, perdonar) a otros".[1]

Tú puedes orar a Dios porque Dios te perdonó. Tú puedes ofrecer ese mismo perdón a otros porque a ti te lo otorgaron primero.

TERMINA TU ÚLTIMA SEMANA COMPROMETIÉNDOTE CON LOS SIGUIENTES PUNTOS DE ORACIÓN.

¿Cómo continuarás examinando tu andar con Cristo y alinearlo con las Escrituras?

¿Cómo ayudarás a otro creyente a crecer en su andar con Cristo?

¿Cómo continuarás confiando en la gracia de Dios y sometiéndote a Él?

¿De qué maneras continuarás resistiendo al Diablo?

Usa la oración de la Srta. Clara como si fuera tuya.

AYÚDAME A ESTAR FIRME EN TU PALABRA POR ENCIMA DE TODO LO DEMÁS. AYÚDAME A LUCHAR SOBRE MIS RODILLA Y ADORARTE CON TODO MI CORAZÓN. AYÚDAME A PROCLAMAR CON MI VIDA QUE TÚ ERES EL REY DE REYES Y SEÑOR DE SEÑORES. LLÉVAME A LAS PERSONAS QUE CLAMARÁN POR TU NOMBRE. LEVANTA A LOS QUE TE AMAN, TE BUSCAN Y CONFÍAN EN TI. SEÑOR, LLÁMANOS A LA BATALLA. AMÉN.

1. J. D. Greear, Gospel, B&H Publishing, Nashville, TN, 2001, pp. 120-121.